如何说服一只猫

[美] 杰伊·海因里希斯 著
[美] 娜塔莉·帕尔玛-萨顿 绘
万山 译

中国友谊出版公司

图书在版编目（CIP）数据

如何说服一只猫 / (美) 杰伊·海因里希斯著 ; (美) 娜塔莉·帕尔玛-萨顿绘 ; 万山译. -- 北京 : 中国友谊出版公司, 2021.7

书名原文: How to Argue with a Cat: A Human's Guide to the Art of Persuasion

ISBN 978-7-5057-5239-9

Ⅰ. ①如… Ⅱ. ①杰… ②娜… ③万… Ⅲ. ①说服－语言艺术－通俗读物 Ⅳ. ①H019-49

中国版本图书馆CIP数据核字(2021)第117797号

著作权合同登记号　图字：01-2021-4998

书名　如何说服一只猫
作者　［美］杰伊·海因里希斯
绘者　［美］娜塔莉·帕尔玛-萨顿
译者　万　山
出版　中国友谊出版公司
发行　中国友谊出版公司
经销　新华书店
印刷　天津旭丰源印刷有限公司
规格　880×1230毫米　32开
　　　5.25印张　110千字
版次　2021年11月第1版
印次　2021年11月第1次印刷
书号　ISBN 978-7-5057-5239-9
定价　39.80元
地址　北京市朝阳区西坝河南里17号楼
邮编　100028
电话　（010）64678009

如发现图书质量问题，可联系调换。质量投诉电话：010-82069336

献给查理、马丘林和克里克，

纪念亲爱的奥布雷和佩西。

亲爱的猫，你的耳朵内外转动时，我便知道，你根本没在听我还没说出的任何一个字。

——贾罗德·金茨[1]

1. 贾罗德·金茨（Jarod Kintz）：热爱写作却被屡次劝退的美国作家。

目　　录

前言

它们像极了我们，只是没有无用的情绪和手指。

——鲍勃·塔特[1]

人们问我有什么适合初学者的说服艺术时，我想到的是**猫**（说服一只猫的艺术）。紧接着我就觉得，这**主意真糟**。说服人很难。说服猫？难上加难，因为它们比世界上最高级的谈判者还要厉害。它们是暗黑说服之术的冥王。

作为一个爱猫人士，我和它们讨价还价过。虽然写过一本讲说服的畅销书，但是，在和我的两只猫——马丘林和克里克——协商的过程中，我总是节节败退。

后来，发生了一些事让我改变了自己的心思。那时，我正在伦敦的广告公司参加有关“说服”的研讨会。休息间隙，

1. 鲍勃·塔特（Bob Tarte）：美国专栏作家、节目主持人，养了鹦鹉、鸭子、鹅、驴、母鸡、火鸡和很多只猫，并把它们都写进了自己的书里。——本书如无特殊说明均为编者注

我借了艺术总监娜塔莉·帕尔玛-苏顿的办公室查收邮件。她的办公室墙面画满了精彩的猫咪艺术画，仿佛娜塔莉看穿了猫咪美丽的小脸蛋，洞穿了它们狡黠的心思。要是她能做到，我思忖，我应该也能试试。也许，我能揭开它们传达魅力和说服人类的狡猾技巧。这很有意义。如果你能学会说服一只猫，那就能说服任何人——朋友、爱人、老板，甚至号啕大哭的小孩子——所有人都将被你折服。

我央求娜塔莉跟我合作。我们将试着在让人们捧腹大笑的同时，教会他们说服任何人——当然还有猫——的绝佳秘密，成果就是这本书。

“等等，”非猫爱好者说道，“猫不能说话。”

它们当然可以。它们咕噜，它们喵喵叫。众所周知，人在享用食物时，会发出奇怪而愉悦的咕哝声。诚然，半数时间，你都无法确知猫到底在说什么。但这是谁的错？再说了，半数的时间，我们都不知道人在说什么。猫和人常常说废话，这一点一模一样；还都经常做出匪夷所思的事情。但是，如果你懂一点小技巧，你就能说服最固执、最不近人情的猫，或者人。

这是修辞学表象下的理论，是说服的艺术。大约三千年前，希腊的天才们发明了修辞，此后被亚里士多德这样的先哲研习。他还就此写了一本经典著作——就在写完那本著名的逻辑书[1]之后。亚里士多德意识到，虽然逻辑完美、崇高，也是让朋友佩服到流口水的第一方式，但是，完美的逻辑辩论大多数时候都会输给说服。亚里士多德及其修辞学后辈发现了比逻辑更利于说服的要素，那就是我们的情感、身份和我们周遭的人。基于多年的修辞学研究，当然还有对猫的观察——它们可是这门艺术的大师，这本书将向你展示如何运用这些要素去说服人类（以及猫）。

只是要记住，猫不像你我，它们油盐不进。它们更谨慎、更多疑，也往往比人更有智慧，尤其是在处理跨种族的关系上。当然，猫不会比人更有逻辑。相同的修辞技巧对猫和人都有效。学习说服猫不仅仅会促进你与猫的关系，还有助于你和人的相处。

猫咪说服术还能保护你，以免掉进销售、政客、奸商的陷阱。和这些人一样，猫是熟练的操纵者，可以只用一个词就让你做任何事。它们可以让你放下手头的任何事去和它们玩。它们能让你提前准备好晚餐。它们能让你马上坐好，腾出大腿。

换句话说，试着让猫做你想让它做的事。

---

1. 指《工具论》。

虽然很难，但说服一只猫是有可能的。之后，再去说服人就是小菜一碟。你只需学会这本书讲的说服技巧。我们会教你怎么做：

- 机敏地交谈——少数几件和猫做比和人做容易的事之一。
- 有理有据地协商，就算你的对手奓了毛或是出现逻辑混乱。
- 解密谬误（逻辑的毛球）。
- 让身体说话（猫非常擅长）。
- 保持礼仪，猫和投资者在内的所有人都适用的艺术。
- 学习捕猎时机的智慧，然后一举命中。
- 让某人做某事，或不要做某事。
- 赢得任何生物的尊重和忠诚。

完成这些壮举的工具都来自亚里士多德和其他的说服大师。我们希望，这本书能让这些艺术更容易使用。即便对付猫并不简单，但这些工具是很简单的。一旦熟练掌握，你将有可能在《说服的艺术》（*Thank You for Arguing*）中学习到更多的修辞技巧。

与此同时，放轻松，协商不一定非得剑拔弩张。记住，抬手不打笑脸人。正如我们下一章要说到的，解决分歧从表现亲和力开始。

杰伊·海因里希斯

猫的智慧

拿不定主意时，保持面无表情。

猫很少改变表情，这是它们看起来庄重的原因之一，也有助于它们隐藏策略。

01

练习亲和力:

热情洋溢的咕噜声

在美好的关系中转变分歧

人犯错误，猫只咕噜。

——罗伯特・伯恩[1]

所有的猫都知道，你也该知道的第一件事，就是说服不等于吵架。吵架的时候，你要的是**赢**。你想主导别人，让他承认被打败。吵架中的败者永远不会开心。

在说服中，你要的是**赢得**对方。你要让对手同意某种解决方案，或者做出选择。虽然吵架和说服都是从分歧开始，但只有说服可以让双方都满意。怎么做？答案是达成让双方都获利的共识。最好的说服是双方都觉得自己赢了。

---

1. 罗伯特・伯恩（Robert Byrne）：美国幽默小说家、专业台球手、魔术师。

猫仅凭直觉就知道这其中的差异。当它向你龇牙时，意味着吵架——也有可能是佯装吵架，总归还是在吵架状态。它对任何有效交谈都不感兴趣，它的目标是打败你。

小男孩对着姐姐龇牙咧嘴是类似的情况，这很可能并不只是打闹。他也许真的很生气。他的目的和猫一样，想要和姐姐大吵一架并击败她。

大多数成年人不会互相撕咬——无论如何，不会这么激烈。他们的决斗是通过戳中对方的痛点得分。他们常常把说服当成某种辩论。仿佛他们认为有一面无形的计分板，裁定着最终是谁在这场辩论中得分最多。

或者，成年人会指出这个分歧恰恰证明了对方有多浑。又或者，她会指出对手过去的蠢主意和错误。在这两种情形中，她都不是在说服，而是在争吵，在试图赢。从说服的角度看，她的行为和猫咬人没有区别，只是也许没那么疼。

那么，有办法把分歧变得积极正面吗？有，通过说服。获得主导权对“说服”来说并不重要，重要的是让对方做出你想要的选择，或者行动。

猫咬人意味着吵架。但是，当它轻轻蹭你的腿时，那意味着说服：看看我吧，我想吃东西 / 玩 / 关注 / 到高的地方去（每只猫的前身肯定都是猴子）。

“蹭腿”是理智谈话的完美开场，从此开始，你可以分享观点，并得出让彼此都舒服的结论。

杰伊：想到最高层的书架上去吗？你可从来没从那里下来过。

克里克：（挠得更勤了些。）

杰伊：到我的肩膀上怎么样？（抱起猫。）

克里克：（在杰伊的肩膀上灵活地站稳，若有所思地看着最高的一层架子。）

杰伊：告诉你件事儿，我们要去检查窗外的捕鸟器，有美味的麻雀哦。

克里克：（瞄准窗口，让杰伊过去。）

这是完美的说服。克里克喜欢新的制高点，杰伊也有了不给它收拾烂摊子的理由。说服始于分歧，止于双方都能接受的选择。

吵架往往伴随着愤怒，虽然说服也会从一方的愤怒开始，但其重点是解决问题，目的是达成共识。

杰伊：谁把灯打翻了？

克里克：（若有所思地看向远方。）

杰伊：不是你吗？真的不是吗？你觉得自己跳桌子的习惯会不会造成破坏？

克里克：（端端正正地坐着。）

杰伊：要是我买个更大的灯，这桌上就没有你坐的地方了。

克里克：（舔毛，对结局很满意。）

人类往往会在下面这样的时刻变得抗拒，会自辩清白而不是解决问题。

杰伊：谁打翻了灯？

孩子：不是我！

我们需要向猫学习。抛弃你的分歧，瞄准解决之道。

打消愤怒的一个途径是提供选择。亚里士多德将这种交谈（技巧）称为商议性说服。商议必须有选项，提供此类选项的要点在于：你必须向对方显示他们可能得到的好处。（亚里士多德称其为利益工具。它在人类社会大有用处，对猫却可有可无，因为它们早就知道什么能带来利益了。）

假设你想参加周六的音乐会，你的伴侣不想去，他看起来很累。与其对他说“来吧，我们太少出门了”，不如给出选择。

你：我只是觉得音乐会会很棒。这些音乐我们都很喜欢。但如果你太累了，去不了，那我们可以让史密斯一家去。他们比较有时间。

伴侣：有时间？明明是无聊吧。

你：你是对的，是太无聊了。那还是我们自己用掉音乐会的门票吧。

再次声明，这也许不管用，你还需要掌握书里提到的其他技巧。但是，利益策略听起来可没有通常的讨价还价那么不情不愿。

那么，该怎么对付克里克——我们那只打翻灯的猫？也许杰伊不得不给自己几个选择了。（事实上，这和你如何处理音乐会类似。毕竟，猫和伴侣的区别也没有那么大。）杰伊可以把桌子挪到阳光照不到的地方。或者，他可以买一个大一点的灯。再或者，他可以试试让克里克保证再也不打翻灯。

最后一个选择很有可能没什么效果。人也许能如此承诺，尽管他也不清楚自己做不做得到。但猫心里门儿清。

所以，如果你的对手还在咬你的腿，怎么办？或者它并没真咬，而是你错了，你就是个浑球，怎么办？换句话说，你会愿意和一个只想吵架的人协商吗？这里有几个方法，可以用来冷却紧张的事态，把吵架转变成说服。

1．和和气气

在很多方面，猫都高人一筹。当两个人有分歧时，通常每个人都会试图让对方承认错误。然而，当猫和人有分歧时，它总是试着得到自己想要的。猫很清楚，说服人类的最佳方式之一就是和和气气。人需要学习这个技巧。亲和力能带来更愉悦的关系、成功的事业和更让人信服的人生。

即便你不同意某人，或者对手对你进行了人身攻击，你只要点头和倾听，不要生气，也不要反击他的任何观点，收起你的火气。

毕竟你能看到，猫总是表现得和和气气的。

娜塔莉：你怎么能在我的新裙子上睡觉呢？！

查理：（看着娜塔莉，礼貌地听着。）

娜塔莉：光是去掉这些毛就要花一辈子的时间！但再过半个小时我就得去参加晚宴了！

查理：（眨眨眼。）

娜塔莉：我要拿你怎么办？

查理：（缓慢地眨了下眼，对娜塔莉的蠢问题不置可否。）

娜塔莉：算了，或许我该用粘毛器试试。

查理：（伸个懒腰，问题解决了。）

2. 说“是的，而且……”

如果参加过即兴表演课，你也许会知道这个方法。你要和几个喜剧演员组队，当有人说了什么时，不要反驳；相反，你得接着说，迅速让其他人说过的话翻篇。你可以说“是的，而且……”这是人类比猫擅长的古怪事情之一。

当然，猫不需要说“是的，而且……”，但它们有表达力丰富的尾巴。轻柔地甩动或者摇摆就能解除多数人的敌意。

因为我们没有尾巴，所以就需要练习其他技巧——比如即兴——来解除人类的敌意。

经理：我看了你给公司舞会写的舞蹈主题了，我觉得我们得换个方向。相比于“拳头泵”（“拳头泵”是个什么玩意儿？），我觉得管它叫“海洋之下”比较好。大家都喜欢《小美人鱼》。

你：“海洋之下”，当然，水系主题。我们可以叫它“鱼鳍泵”。

经理：什么？什么是鱼鳍泵？

你：没错，好问题。那还是直白的“拳头泵”好一点。

这也许没什么用，但至少你能让经理糊涂好一会儿。你可以先松口气了。猫只要盯着你或者挠挠你的腿就能做到这一点，还能让你对它到底懂不懂你的意思产生疑惑，或者，它有自己的秘密小算盘。

3．向反对者“咕噜”

猫只消舔舔对方，就能缓解紧张的气氛。在大多数情况下，人类很可能做不到这一点。舔一个气头上的人很可能无法使其平静。但是，一点点奉承也许能起作用。

父亲：我想知道谁吃了最后一块饼干。

女儿：嗯……哇哦！

父亲：什么？

女儿：对不起，我刚刚被你的鞋吸引了。它们真酷！

父亲：我们不是在说我的鞋，而是在说我的饼干。我的意思是，这个家……你知道我说的是什么！

女儿的麻烦估计还没完。父亲也有可能直接忽视了她的奉承。但是，老爹晚上还会擦鞋，也许会想起他的孩子也没那么糟糕——尽管她还是不该吃掉那块饼干。

小技巧

- 说服不是吵架，是要达成让双方都获利的共识。
- 获得主导权对“说服”来说并不重要，重要的是让对方做出你想要的选择，或者行动。
- 吵架往往伴随着愤怒，虽然说服也会从一方的愤怒开始，但其重点是解决问题，目的是达成共识。
- 打消愤怒的一个途径是提供选择，向对方显示他们可能得到的好处。
- 在说服中展现亲和力，即便你不同意某人，或者对手对你进行了人身攻击，只要点头和倾听，不要生气，也不要反击他的任何观点，收起你的火气。
- 当对方说了你不同意的观点，不要反驳，而是要接下话头并迅速让对方说过的话翻篇。
- 对于气头上的人，可以用一点点奉承让他平静下来。

猫的智慧

你总是受欢迎。

猫和和气气的秘密：来回漫步——似乎全世界都喜欢自己，全世界都会成为自己的安乐窝——然后躺下。

02

像捕猎者一样出击:

追踪的艺术

说服的时机秘诀

圣弗兰西斯会向鸟传道吗？目的是什么？如果真的喜欢鸟，他就该更进一步，向猫传道。

——丽贝卡·韦斯特[1]

等待和说服有什么关系？关系可大了。太多时候，我们在协商后互相撕咬，跟傻狗一样。我们对对方围追堵截，狂吠不止，还怒气冲冲。我们互相扯皮，离说服十万八千里。我们攻击彼此，方寸大乱，无异于傻瓜。

其实，我们可以像真正的狩猎者一样说服，比如猫。

1. 丽贝卡·韦斯特（Rebecca West，1892—1983）：英国记者、小说家、评论家，以报道“二战”后战胜国对纳粹德国进行的“纽伦堡审判”著称。

这需要做些功课和耐心，因为人类缺失了一项重要的物理功能。和猫不一样，我们的眼睛可以看到特定地方的任何东西，周围的视界总是让人分心。在那些让人捧腹不止的视频中，所有猫都用同样的动作摆动脑袋，你尽可嘲笑它们，但它们做的是真正狩猎者的行为——调动全身追踪猎物。猫和警察一样，枪指哪儿，眼睛就盯住哪儿，它们用全身瞄准猎物。

记住这一点，你就能理解说服的关键：猫看任何事物都是猎物。

在说服中——无论是对人还是猫——我们需要练习同样的激光瞄准。当你发现自己身处分歧之中，要找到猎物，就要决定好你的目标是什么——就是你志在必得的东西。

修辞学传授了说服的三个基本目标。它们从易到难排列如下：

1. 改变心情

这是最容易实现的目标。如果对方有点小牢骚，他喜欢的曲子、一杯红酒或是一小把猫草都能解决问题。如果对方在气头上，能做的大概只有等待，直到怒气平息。或者你可以用同理心，说自己对发生的事情感到很抱歉，想帮忙解决问题。对于猫，你一般都可以跳过道歉，直接解决问题，因为猫更敏感。当小窝里有一只新来的猫时，只要把入侵者移走，原住民就会迅速平复心情。（被移走的猫也许会因为中途被打断而愤怒，但那就是另一个问题了。）

我们会在稍后的章节中讲述如何处理情绪。现在，只需清楚改变在场者的心情是说服的一大目标即可。你不是在赢任何事情，你也不想主导对方来证明自己是主导者，你只是要让对方变得开心、平静。

如果你想从说服中得到更多，如果你想改变对方对某些事的看法，怎么办呢？先改变他的心情同样有效。现在，我们可以进入第二个目标了。

2．改变心意

这比改变心情难得多。让满腹牢骚的外婆高兴起来相对容易，但要让她改变对嘻哈的看法，估计难多了。让某人对选举有兴趣的可能性很大，但让他改变心意投给你喜欢的候选人，太难了。

自然，这对猫同理。试着说服一只从未接触过狗的猫，说狗是人类的好朋友。再试着说服这只猫，它应该和狗做朋友。

没错，这有可能。但想在一次简单的说服中完成，则不太可能。在这本书里，你会发现很多改变他人心意的方法。同样需要练习。

除此之外，还有一个更难的目标。

3．改变行动

你可以让对什么都漠不关心的哥哥对选举产生兴趣，甚或还能改变他对候选人的看法。现在，试着让他在选举日到投票处，真的为这个候选人投上一票。如果成功了，你就赢得了说服的桂冠。你说服了某人去做某件事。

让人们停止某个行为同样很困难。大多数猫有理有据地认为，厨房操作台是它们的领地。领地上躺着一只正在冷却的烤鸡。因此，猫顺理成章地认为这只鸡是给自己的。（也有可能会给人，如果这只猫比较慷慨。）如此，你就能理解为什么不让猫跳上操作台是很困难的了，尤其是你还坚持要把鸡放在上面的时候。

首先，你必须改变猫的心情。你可以让它觉得自己不饿，一点点小零食也许能有效。或者，你可以让它害怕这个操作台——这种说服比较残酷也不令人愉快，我们不推荐。再或者，你可以把鸡放进冰箱，再给猫拿来它最喜欢的玩具。不是所有猫都这么容易被带偏，但你的也许可以。

接下来，你要改变猫的心意，让它决定自己不喜欢鸡了。祝你好运。也许你可以在鸡的外面包裹一层恶心的东西——花生味黄油之类的——但这也许会改变你自己吃鸡的心情。

有的时候，你可以直截了当地改变行为。要让某人去投票，你可以开车把他送到投票处——希望这样能成功。要让猫不跳上台子，你可以抓住它，轻轻放到地上。一次次，循环往复。

嘿，我们可从没说过说服总是轻松、容易的。

注意，这三个目标——心情、心意和行动——没有一个和赢有关。这些目标没有一个让你的关注点在于胜负多少、指出逻辑谬误，或是让对手看起来像个白痴。相反，你关注的是你的目标——再强调一次，心情、心意或行动——而你做的任何事都是为了它。这样说服，你就像个猎食者。

好了，现在你知道该如何设定目标了。你不会逞一时口舌之快，也不会试着击败对手。（除非你们是在开玩笑，而且指甲已经剪掉了。）在进入真正的说服环节之前，你需要另一个捕猎技巧：时机。

说服的秘密就像是戏剧的秘密——时机。而说服中的时机需要付出额外的耐心。设完目标之后，有效说服取决于是否能等待最佳时机。

抓住那个秃子

在修辞学中，等待最佳时刻的艺术被称为关键时刻（kairos）。有的人在关键时刻上尤为擅长，比如猫，这可不只是懂得如何等待，它还知道何时最适合行动、何时应该把握机会。它不会错过任何一个可以舒舒服服躺着的安乐窝，更不会放过任何一只虫子。

多数说服取决于关键时刻。还没有准备好被说服的人不会处于合适的状态，除非他的情绪有所转变。比如，永远不要在一个人刷马桶的时候，叫他为你做晚餐（只有猫和狗在厕所里还会有好胃口）。永远不要在别人的气头上让他做事，以及永远不要说“冷静点”，无论在什么情况。那只会让任何机会化为乌有。

在任何工作会议上去练习寻找时机，方法是晚点开口，直到人们想听你说时再说。

在一对一说服中，点头或说类似“这就是我从你那里听说的”这样的话。重复这些句子，然后说你有多喜欢所听到的东西。之后，再提出你不赞同的地方。

在餐桌的大权争论中，姐姐应该试着不偏不倚，直到弟弟最终闭上嘴。如果他没有任何停下的迹象，她应该打断，说：“这很有道理，但先让我确认我真的理解你的意思。”接着，等她准备好了，她再开始陈述另一方面。

（顺便一提，我们说的是人类说服中的时机。如果是和猫谈判，别想着猫会说完。它太聪明了，可能压根儿就不会说。和猫谈判，只要等，直到它想要什么的时候，再试着讨价还价。这一点在对付小孩时也很有用。）

说服中最伟大的字：等。

等到你准备好了，或者你的受众准备好了，或是对手自剖心迹，或是爱人心情正好，或是你的猫有所要求。

罗马人认为机会的艺术相当重要，他们因此创造了一个叫奥卡西奥（Occasio）的神（这也是“机会”的英文 occasion 的来源）。奥卡西奥年轻、迅捷，有跑步者的身姿，却有脱发问题。当他眉头紧锁时，就像在背上放了颗橄榄——机会稍纵即逝。你必须在机会逃逸之前抓住它，正如猫抓老鼠时那样。

但是在出击之前，你必须蛰伏。

摇头摆尾

你们大多数成年人在玩的时候都是很没用的，这烦死了大多数的猫。人类总是把时间浪费在做多数时候都难以下咽的晚餐，还要在终于拿出吊着小老鼠的逗猫棒之前，说些工作上的事情。好极了！猫愉快地追逐老鼠，击打它，左右拍打它，跟着它满场乱跑，美满的五分钟。这只是热身。人啊，请听好，追逐只是热身。接着才是严肃的游戏环节：安顿下来盯住老鼠。然后，人做了什么？他把老鼠拿走了！

人啊，人！凝视玩具就是在玩。这是最好的部分。看着玩具的猫不是觉得无聊也不是累了，它只是刚刚进入娱乐的第二个环节——就像非猫类运动足球赛的下半场。一个聪明、有合作精神的人会把逗猫棒摇来晃去。直到观察了足够长之后，猫会收起它的后腿、摆动它的臀部、晃动它的脑袋，牢牢瞄住猎物。它需要出击吗？不！摆屁股和晃脑袋就已足够了。对它们而言，它们已经得到了充足的乐趣，那就是成为一个优秀的猎手。对于猫，追踪就是出击的一半。让我们重复一遍：

追踪就是出击的一半。

也许比一半还多，没人确切了解，因为猫懒得解释这个过程。

关键是，几乎每一只猫都清楚关键时刻的力量和快感，它只选择在那一瞬间出击。成为捕猎者全在于关键时刻。如果在头一百年的进化中，猫像狗一样跟在猎物后面团团转，它们就会有狗一样的行为模式。这会带来诸多困扰，还会迫使猫和其他猫一起外出遛弯儿，有的猫也许并不领这个情。

然而从一开始，聪明的猫就培养出了等待的艺术。它们学会观察鼠类和鸟类的行为，让食物送上门来。一点点偷偷靠近，加上早已就绪的一击，足以完成任务。棒！搞定！最少的无效劳动，偶尔需要尴尬的奔跑，任务就足以完成。现在，睡觉去。

等待机会

要获得这种智慧，人类还有很长的路要走。僧侣和瑜伽师用了数十年才学会如何坐稳，但即便是他们，也抓不到任何可以吃的东西。

更别说是成功协商，诸如此类。

等待和协商有什么关系呢？关系大着呢！要像捕猎者一样说服别人，先安顿下来，去看去听，把注意力集中在猎物，也就是你的对手身上。会聚思绪，活络心思，从蛛丝马迹中找到契机。准备好之后，出击。

假设你在开会，大家在为年会选择主题。有的人在力挺一个“世界和平”的提案。还有的人提出一个古怪的80年代的三叶草主题，这个主题显然更没意思。你真想跳进乱局，反驳这些蹩脚的主意，提出自己绝妙的单一颜色主题：红色。没有文字，没有愚蠢的标语，只有红色，或者你会想用紫色。但什么都不要说，只是听着，然后等待，直到时机成熟，直到所有人都说出了自己的看法，接着是短暂的中止。是时候出击了。

你：红色。

其他人：什么？

你：红色，只有红色。这个颜色，没有文字。

你言简意赅，非常简短，用自己的方式表达。在猫的世界，这叫“捕猎”。对猫来说，捕猎意味着等待，出击只不过是让一切达到高潮。真正的技术在于耐心。

利用正确的场合

对人来说，关键时刻不只和计数时间有关，它还是一门和场合有关的艺术，这包含了场合、方式以及时间。在有效说服中，卧室和厨房是非常不一样的。休息时间和用餐时间有所不同。邮件、私信、耳旁风、摩斯密码和在空中书写是不一样的方式。每一个场合和方式都能影响说服。

想说服某人时，要找到正确的场合。猫对此了然于心。要点不是仅仅等到正确的时刻出击，要知道猫和鼠都曾经位于正确的地点。

假设一个男人想和一个女人约会。他可以提议在早上四点去接她，但这很有可能是个糟糕的时间点，除非他（还有她）认为钓鱼人出发的黎明是个好时间。或者，他提议在晚上七点去接她。这个时间好多了。还有，周五晚上估计要比周一晚上合适，但他应确认好。

假如这个男人在选择约会时间上很明智。然而，他要带她去自己最喜欢的酒吧，每次去外面玩，他都要在那里喝酒。

嗯，也许这是一个好的场合。但是对于初次约会而言，有点过度了。

所以，不如带她去一个安静的餐厅。随后，他安排在附近的湖边来一场月光漫步，她也许会喜欢。但是，即便在第一次约会中她接受了这样的安排，这个男人也不能理所当然地认为这是可行的，必须得等晚餐顺利结束、她准备好接受，而且鞋子不伤脚后才开始。当时间刚刚好时，他提议散步。那才是关键时刻。从修辞上说，是等待和出击。

然后是方式。文字信息和图片网站动态发文的功用不同。橱窗后放着小夜曲和放着扩音器效果也不一样。

在关键时刻的问题上，男人真是不折不扣的笨蛋。我们有一个朋友，他想带女朋友去攀岩，然后求婚。他打算把戒指放在快到终点的小岩石缝里。想象一下，在四十英尺[1]的高空，他的女朋友拽着绳索，大汗淋漓、惊恐万分、战战兢兢地摸索到一块石头，结果碰到松动的边缘，一块石头掉了下去，她浑身颤抖、闭上双眼。他则紧紧抓住绳子，看着越滚越远的戒指，在绝望中大声咆哮："你愿意嫁给我吗？"

幸运的是，我们劝说他放弃了这个计划。他计划在晚餐结束后求婚，而她答应了。风险更小，更有效。这才是正确的场合。

---

1. 约为十二米。

把形式和感官糅合起来

不同的方式在说服上有不同的作用。

画面最适合传达个人的形象。猫端坐在窗前的作用与此相同。

打字在逻辑谈判上功用最佳。能在书面或者屏幕上看到的文字尤其有利于系统思考。极少的猫可以把想法写出来，除了在炉子上留下猫爪印。但事实上，猫几乎不使用逻辑协商。尽管打字对逻辑大有裨益，但想让人们喜欢和相信你，效果平平，也无法很好地传达情绪。信息或邮件中的笑话鲜有效果便是例证之一。你写的时候也许会乐得发狂，但是看不到你的读者正一脸嘲讽。（猫也不会做出嘲讽的表情，这也是为什么它们的幽默感被低估了。）

说话的声音能让人们尊重你，或者导致相反的效果。一方面，受众倾向于信任低沉且平稳、不会一惊一乍的声音。这不是说女人必须压低嗓音说话，而是说试着用近乎不变的声调说话，并用停顿表示强调。多看看乔治·克鲁尼的电影，学学用完美的单一声调说话。另一方面，高音会让人们愿意帮助你。我们一下就能想起“婴儿”，猫早就知道了这一点。当它想要食物时，猫总是用婴儿的方式说话，吐出惹人怜爱的高音。当它保卫自己的领地时，情况就不一样了，它会发出深沉、低缓的声音，就像乔治·克鲁尼。

最有利于表达情绪的方式是触摸、品尝和嗅闻。猫会告诉你，品尝和嗅闻对建立关系也很有帮助，而且它很可能是对的。要求婚，你应该真真切切地出现在那个人身边。不要发信息或者雇一个舞蹈团来做这件事。不要做视频。亲吻，或者，如果你愿意的话，轻咬脖颈后方，再发出一些呻吟。

小技巧

- 身处分歧之中时，要决定好你的目标是什么——就是你志在必得的东西。
- 不要试图说服还没有准备好被说服的人，除非他的情绪有所转变。
- 在工作会议上，当所有人都说出了自己的看法，并且没有更好的意见时，这是发言的好时机。
- 在一对一说服中，先表示赞同和欣赏，再提出异议。
- 谈判的关键，是等到对方有所要求的时候。
- 选择风险更小、更有效的场合来说服对方。
- 说话的声音能让人们尊重你，或者导致相反的效果。
- 利用适当的肢体接触拉近双方的关系。

猫的智慧

善于倾听的猫才能抓到老鼠。

早起的鸟儿有虫吃，耐心又安静的猫则有鸟吃。

03

化解愤怒：

洗手间协商

用一种叫未来的东西平息事态

猫的愤怒是美丽的，纯粹的怒气腾腾升起，根根毛发竖立，蓝色的火光噼里啪啦，目光炽烈，横扫一切。

——威廉 · S. 巴勒斯[1]

猫生起气来和人一样，原因也差不多。（但是，由于猫不开车，所以它们更少生气。）

猫和人都会在下列情形中发怒：

- 不被尊重。

1. 威廉 · S. 巴勒斯（William S. Burroughs，1914—1997）：美国作家，与艾伦 · 金斯伯格（Allen Ginsberg）及杰克 · 凯鲁亚克（Jack Kerouac）同为“垮掉的一代”文学运动的创始者。

- 失望。
- 被欺骗。
- 到手的好事又消失了。（对猫而言，这一点和被欺骗性质等同。）
- 领地被侵犯。

猫和人一样，不喜欢在生气的时候被嘲笑，而且，更加糟糕的事情是在一只猫或一个人大为光火的时候，叫他冷静。叫某人冷静下来，就意味着他的愤怒是因为他自己的错误。任何一个生气中的人都相信该受责备的是别人，而非自己。如果他认为错处在你，你却叫他冷静……哇哦！和他的怒爪保持礼貌的距离吧。

所以，你该怎么应对生气的猫或者人呢？让我们从人开始，然后，再回过头处理猫。

人和人之间的说服基本上有三个话题。

话题：责备

“你又没盖！”

你的伴侣又没盖上马桶盖，然后猫又去喝了马桶里的水。

当你责备别人没把马桶盖盖好时，你是什么心情？你会赞赏美丽的椭圆形盖子？因为想到坐在上面便便而发笑？还是哀叹那么多的时间都被冲进了下水道？

应该不会吧。最有可能的是，你在做某种快速侦察的工作，迅速锁定罪犯，然后气到发抖。这很可能不是他第一次犯下这个罪行了，他是惯犯。而你曾经控诉过他很多次，他越来越像个屡教不改的罪魁祸首。因此，此时此刻，你唯一能做的就是向他咆哮，发泄你的愤怒。

别提猫。它有专门为它准备的清水，干干净净，就放在地板上的专用饮水处。那它为什么坚持要喝马桶里的水呢？你的房子里没一个好东西。

现在想想你的伴侣。你朝他发脾气的时候，他是什么反应？他感到抗拒。或者，他觉得你小题大做。我是说，你们都要面对汽车修理费、工作压力，同时还有气候变暖、恐怖主义、虚假新闻和世界各地冒出的可怕事件。而你，就因为一个马桶盖斤斤计较？

这种愚蠢的、事不关己的态度让你更加抓狂。所以，你再一次提高音量。这下他更生气了。你的火气也再次加码。如此往复。

与此同时，猫是这个房间里唯一一个成熟稳重的生命体。事实上，它压根儿不在房间里。它敏感地躲到了床底下。尖锐的声音会伤害它脆弱的耳朵。

那么，这样的责备对你能有什么好处？责备这个话题会导致愤怒，尤其在人类之间。

话题：价值观

“好的伴侣不会不盖马桶盖。”

你不责备你的伴侣，相反，你指摘他的品德。好的伴侣会关心你的猫卫不卫生，或者它会不会在马桶里被淹死。更不用提你自己也可能会犯同样的错误。

价值一定会牵扯好与坏、对与错——谁是对的，谁是错的。关心马桶盖，很好；不关心，不好。不关心的伴侣是糟糕的伴侣，因此，是一个糟糕的人。简而言之，不盖马桶盖就能证明你的伴侣是个不折不扣的浑蛋。价值是说服的核弹式选项，会炸飞任何一个可能的解决方案。这样就和放下马桶盖没有任何关系。它关乎的是一段不断恶化的关系。

（那猫呢？我们就让猫置身事外吧。老实说，它早就远离整场对话了。）

那么，当你指责其他人从根上就坏时，是什么心情？你认为在什么样的心情下，自己会这么看他？

价值话题的问题在于，它提供不了任何解决之道，除了破坏关系。就因为一个放错地方的马桶盖而万分光火，也是够大动干戈的了。离奇的是，很多夫妻都这么做了。他们用每一个分歧来向对方证明自己高人一等，而他们唯一的错就是和对方结婚。

分歧不会让人离婚。美满的夫妻总是有分歧。话题，是错误的话题，让婚姻破裂。价值——好的和坏的——是相处时最糟糕的话题。

这不是说你不该有价值判断，能分辨是非是好事，只是说它会导致一场远比马桶盖糟糕得多的争吵。价值争执会引向愤怒。

要缓和房间里的气氛，你不会想控诉你的另一半，这是“责备话题”。你也不会想借马桶盖证明他人品有多糟，这是“价值观”。那你只能忍气吞声吗？另一半不假思索必然导致你只能和猫孤独度日吗？

不。因为还有第三个话题。这可以拯救一场说服，甚至婚姻。

话题：选择

“我们做点什么能让这事不再发生呢？”

最好的说服，是你提供了一个选择或是决策。你有解决之道。你的伴侣也许并不同意，但他会提出自己的选择。这才是你们讨论的重点。你们不是在互相责备，也不是在用马桶盖来论证对方的罪责。相反，你们在正视问题，并商讨如何解决。你们在做选择。忽然间，这个话题不再是谁做了什么，或他是个怎样的人，而是共同解决问题。

说起来容易做起来难，不是吗？当你火冒三丈，或者正有人朝你大喊大叫的时候，你怎么可能会想到要去选择最好的话题？

有一个秘诀：与其考虑话题——责备、价值观或者选择，不如回到语法课。想想该用什么时态：过去时、现在时还是将来时。

- 责备一定是关于在过去发生的过错。
- 价值观只和当下有关——谁是好的，谁是坏的。
- 选择面向未来——一个能带来美好明天和干净猫咪的方法。

所以，这里有一个最有效的方法，能在说服中去除愤怒：转向未来。如果你是受害者，避免聚焦过错本身。无论你做了什么，避免把过错归因于涉事之人的道德缺陷。相反，谈论能避免此事再次发生的方法。你选择了时机，你选择了方式。现在，你选择未来。

你：我看到你又把马桶盖掀开了。我到网上找了个新马桶，可以自动关上。我们可以花点钱买一个，或者你可以养成盖上马桶盖的习惯。

这个方法不一定能养成好习惯。讨厌鬼也许会承诺要盖上盖子，然后转脸就忘。某些非常聪明的伴侣，尤其是男性，在遇到马桶盖的问题时，会有很强的心理抵触（这大概是因为肾或者 Y 染色体有问题）。但至少，邻居不会听到你们又互相咆哮了。关系依然完整。对于渴极了的猫来说，房间里也还是个安全的地方。

猫也能是未来主义者

任何一只有自尊的猫都不会让马桶盖掀开不管（但如果

盖子已经掀开了，它会感谢这么干的人）。然而，可能猫对你做的或没做的某些事会非常气愤。假设娜塔莉同意在她（和查理）的家照顾邻居家的小猫几个小时，查理会觉得沮丧，这很好理解，这严重撼动了它的私人领地。

现在，查理是一只讲道理的猫。（有的猫可不是。在领地问题上，女性和男性不分伯仲。）它足够聪明，知道它可以从这个情形中得到点什么，比如零食。

娜塔莉：别担心，查理。这只可爱的小猫咪只待一会儿。过几个小时，就又是你和我单独待着了。

查理：（看上去楚楚可怜。）

娜塔莉：哦，别这样，查理。给你点零食。

完美的谈判，查理！老实讲，很多猫，还有极少的人，才能这么老道。如果你想从一个烂摊子里得到点什么，你必须想想未来。除非你除了生气什么也不会。面对一个沮丧的人时，试着把关注点转移到未来。行不通的话，转移开他们的愤怒之源（骨瘦如柴的猫，打开的马桶盖），然后躲得远远的。

“活在当下”让部分猫和所有人成为联盟

大师和新世纪文字作品告诉我们要重视当下，并活在当下。这个哲学可圈可点，它造就了许多快乐的猫。但“当下”是一个非常有防御性的时态，尤其在有分歧的时候。“现在”关心的全部是价值，是谁对谁错，谁继续，谁出局。猫思考好的人和好的猫，就好像思考好的事情和坏的事情。好的人会带来好的事情，闻起来也亲切。好的猫闻着熟悉。好人做了坏事，比如踩了猫尾巴，也许会短暂地不够格成为一个好人。但只要你行为得体，提供更多好东西，你很快就会回到猫的好人清单。

这是关键：无论声誉如何，猫不会心怀怨恨。它们只会在对错之间简单抉择。如果你总是错的（一个坏人），猫也不会有怨恨，它只会讨厌你。

小技巧

- 永远不要在一个人大为光火的时候叫他冷静。
- 责备会导致愤怒。
- 在说服的时候判断对方的人品会让关系恶化。
- 要在说服中讨论如何避免相同事件再次发生。
- 面对一个沮丧的人时，试着把关注点转移到未来。

猫的智慧

保持尊严，不要让人随便撸你的肚子。

如果你让自己尴尬了，那就像猫一样，让往事随风去。

04

融入环境：

箱式操纵

练习完美的礼仪

无知的人认为，猫在打架中发出的声音会火上浇油，其实不然，这不过是它们的外交辞令。

——马克·吐温

人们常常认为说服是一种决斗，虽然是温和的决斗。从语言角度看，“辩论”（debate）来自“决斗”（battle）的拉丁词。但是，每一个猫主人都曾被猫说服过，却没有一只猫在辩论中被说服。实际上，猫用了不同的工具。其中之一是礼仪。我们视礼仪为“正确的”语法，或者是文雅的行为。比如，在用开罐器时要把小拇指翘起来。事实上，对于有些人来说的好行为，对其他人来说，也许是非常糟糕的。为狗狗举办泳池派对，它们会视你为圣伯纳德[1]。但如果这个聚会是为猫办的——好吧，这很粗鲁——对很多猫来说，把它们放在你的肩头是礼貌的。对大多数狗而言，并非如此。人也同理。得分后拍拍队友的屁股也许是极其自然的，但如果拍的是商业伙伴的屁股……不会吧。

那我们要谈的只是行为吗？不是。礼仪远大于那些让你看起来礼貌的规条。它还与和你接触的人是否认为你亲和有关。实际上，“礼仪”（decorum）来自“适合”（fitness）的拉丁词。再进一步，就是融入。每个动物和人类都能蓬勃繁衍，只要二者能与所在环境完美融合。礼仪意味着融入某种社会环境。

没错，礼仪确实依赖于礼貌。但是礼貌指的是考虑周全，意思是考虑他人的态度和感受。有的文化认为，用手吃饭是好行为。如果受邀和这些人共进晚餐，你还应该坚持用刀叉吗？或者，更糟糕的，坚持每个人都用刀叉？如果你想表现得彬彬有礼的话，可别这样。

---

1. 圣伯纳德（Saint Bernard），即圣伯纳犬，最初由瑞士阿尔卑斯山区圣伯纳修道院的僧侣用獒犬类杂交而成，以出色的山地救援犬为世人所知。圣伯纳犬富有爱心、性格稳重。

语法不适用于所有人

除了适应他人的行为，礼仪还意味着适应他人的语言。在学校学习语法是很重要的，但不是因为“好的语法”比“糟糕的语法”更有意义，或者说它高人一等，而是因为学习所谓正确的语法能让你和精英对话。语法确保贫寒子弟能和国王、CEO对话。从一方面说，讨厌饶舌的老奶奶要怎么和热爱这类音乐的年轻人交流呢？

老奶奶：怎么和这些年轻人交流？他们讲的话和外语一样。

这个问题对于一些年轻人来说也许很不可思议。他们也许很难理解她。最基本的问题是，这些语法无可指摘的句子无法帮助老奶奶理解饶舌磁带。

含糊地讲，甚至连受过高等教育的人都无法理解正式的语法。有一次，温斯顿·丘吉尔发表了限定演讲——就是不论句子多长，都不能在末尾放介词——“此类错误，绝无”。

那么，老奶奶要怎样才能和这些孩子沟通呢？他们说话像唱歌，和播放列表里的曲子一样。如果她想抱怨家里的某个男人没盖马桶盖，她难道要说“哟，men，你没盖马桶盖”？

除非她先前就是这么说话的。（有的老奶奶的的确确这么说话。）

但是，不要辩解，问猫。

真的去问。比如说娜塔莉，她绝对不是一个老奶奶，不信你问问她的猫。

娜塔莉：查理，我该怎么和假装自己是嘻哈艺人的年轻人说话呢？

等待回复。契机在于查理有足够的智慧不予置评。它会礼貌地看一眼娜塔莉（查理可是非常讲究礼仪的猫），然后走开。或者，如果它真的说了什么，这话也不会特别符合语法。但对猫来说，是绝无错处的。

语法也一样。如果和你说话的人热衷“正确”的语法，比如语法课教的那种，那么按照对方的方式说话，你就能融入对话。

合适的礼仪是很微妙的。你会想要避免用力过度。比如，一个人永远不该对着猫喵喵叫。不同物种的动物期待你像人一样说话。反之，你会像一个好人那样对待猫。与其喵喵叫，不如坐好让它接近你。从鞋子上的些许气味，猫就能知道你的许多事。同样，一个试图和少年交流的老奶奶也应该以少年期待老奶奶会用的方式来说话——这不是出于功利，而是尊重。而一个少年也应该以同样的方式对待受过良好教育的老奶奶。那么，老奶奶期待少年的说话方式是什么呢？

不僵硬的脖子

委婉是另一种礼仪。若是会伤害别人的感情，即便你说的是显而易见的事实，也不要说。

直言不讳和做自己没有确切的关系，这种原则甚至会成为某种控制。你也许会更倾向这种态度："这就是我，喜不喜欢随你。"

（不得不承认，有的猫也是这种态度，并非每只猫都很完美。）

但是，融入社交环境并不意味着你要背叛真实的自我。只要保证一点，你的真我不是"硬着颈项的人"。

这个说法来自《圣经·出埃及记》。

上帝对摩西说，他曾看到摩西的人民，没有给他留下好印象。"不料，"神说，"他们是硬着颈项的人。"意思是，他们不会悔改、无法适应。在无法适应社会环境的当口，不要美化自己是在保持自我。你不过是硬着颈项的人。

面对“硬着颈项的人”的良方是密切关注与你为伴的人，并说服自己，这些人喜欢你。

（另一个好方法：颈部按摩，摩擦耳根后部。哦，那很舒服。）

但是等等，这和说服、和猫有什么关系？

记住，说服从亲和开始。要得到认同，你们当中至少得有一个人是和和气气的。如果人或者猫发现你和和气气的，那你就能融入其中，更有可能得到你想要的东西。如果你的受众觉得你是个“硬着颈项的人”，那他们更有可能对你发出“嘘——”这种声音，或者干脆跑开躲起来。

要融入环境，猫无须做出人类的举动。它只要表现出自己有多喜欢和人类在一起就可以了。这对你也适用。一个成年人不必像少年一样说话，只要看上去喜欢少年就可以了。

猫会展示给你看，这一礼仪与它的咕噜十分类似。

咕噜的艺术

咕噜有两层修辞学的含义。它说明“和你在一起很高兴”，它还说明“无论你做的是什么，请多做一点”。

咕噜有点像催眠，让人处于温顺、可控的状态。猫用咕噜来控制我们，而且有效。

好消息是，我们几乎能和猫做得一模一样，创造出咕噜一样的效果。

首先，你应该表现得似乎很喜欢和受众在一起。无论是在撸猫的时候或者当众说话的时候，这一点都适用。每只猫都知道，咕噜中的“和你在一起很高兴”这部分含义，对于获得更多抚爱至关重要。在修辞学上，这叫恩惠，指的是把你自己放进某人的恩典中，我们更愿意叫它亲和。你通过把自己变得和和气气，让其他人更有可能同意你的观点。这就像无须胸腔震动就能打出的咕噜。

无论何时，你想从别人身上得到什么，就对自己说“我很喜欢和你在一起”。就算这不完全符合事实，就算对方很讨人厌，也要这么想。有趣之处在于，假装喜欢某人真的能让他们变得更好相处。

猫咕噜的一个原因：让你更好相处。

人也会“咕噜”。举个例子，调解的人常常会低声说一个词“嗯”，用颤音来安抚心绪。喜欢“罪恶之源巧克力蛋糕”

的人，一旦无可救药地夹起那东西放进嘴里，就会发出嘟哝的声音。毕竟，发出“嗯——”的声音和欢腾的咕噜有什么区别呢？还有，当有人抚摩我们的后背时，我们总会发出呻吟，这又如何解释呢？或者在——嗯，你知道的，别的事情里也是如此。

没错，咕噜。

和猫或人交谈时，试着有表意地“咕噜”。把自己调整到愉快、平和的心情。（不要发出隆隆声，一边说话一边这么做，太奇葩了。把真正符合字面含义的咕噜留给猫科专家。）通过改变自己的心情，你也能改善别人的心情。在谈正事之前，表现出对关系的愉悦。

先“咕噜”，再引导。

科学家证实了猫早就知道的事实：想让某人乐意被说服，就要让对方觉得高兴、舒适、能掌控大局。

女儿发现自己迫切需要母亲的车。在她开始讨价还价说出“我能借车吗？”之前，她应该先激起自己内心的咕噜声。回忆起母亲曾为她做过的所有美好的事，想想母亲曾经的付出，想想妈妈是多么好的人，尽管她常常没有意识到自己的女儿已经不再是小孩子了。只要想想她最好的一面，用咕噜的方式，这比黏住妈妈不放或者恭维她的打扮有用得多（母亲总是一眼就能看穿奉承）。

心情总能互相影响。一只正在咕噜的猫会引发别的猫也咕噜。同样的事也发生在母亲身上。也许她并没有真的把车借给女儿（协商好用了别的交通工具），但至少她们都度过了愉快的时刻，从长远来看，这将有助于女儿得到她想要的东西。有一点猫比人清楚得多：稳固的关系能赢得更多零食，而心怀怨恨甚至连体面的窝都得不到。

还有一个咕噜的小技巧：假装被满足了，即便当时你并没有得到真正想要的。就算愚蠢的“主人”抓错了位置，猫也会咕噜。它想要挠挠下巴，傻瓜却坚持不懈地划拉它的背。猫会怎么办？它咕噜，甚至咕噜得更频繁，然后富有深意地抬起自己的头。

我们有许多东西要向猫学。

让自己舒服

猫也会犯错误，做出礼节上糟糕的事情。比如，一只执意要跳上餐桌的猫并不总是彬彬有礼的，但也有可能是它所处的角度不同。毕竟，你是要在餐桌上吃饭的。而对猫来说，你没有为它准备足够高的凳子也是很无礼的。但它可不是会心怀怨恨的那一位。能坐在餐桌上和你共同享用火鸡，它就心满意足了。

换句话说，让一个物种去理解另一个物种的行为准则会很困难，而且你必须承认，人类的规则真的很奇怪。

想知道猫在“融入”这门艺术中有多么出色，只消看看当你打开从购物网站收到的一个包裹或者把盒子放在地上时，它会怎么做。看看它是如何把自己缩进那样窄小的盒子里的，又是怎样爬到高高的架子上，藏在一摞摞的书后面的。

它们像变魔术一样匍匐前行，挤压身体，一点点潜入。它们是怎么做到的？它们去适应。它们改变自己的身体去贴合环境。

我们人类在这一方面的失败足够多了。我们喜欢改变周围的环境来适应自己，而不是用相反的方式。这让我们成为极好的建筑师，但不擅长露营。再者，更像一只猫而不是人那样去思考，能切实有效地帮助我们在和他人相处时表现出更好的礼仪。

假设社会各部件是一个狭小、私密的空间。你想融入那个空间。用我们对待私人环境的方式来对待别人，也就是改变环境来适应自己而不是改变自己来适应环境，这将是错的。

你有多经常犯这样的错误：和那些总是同意你的人做朋

友。在我们生活的社区，人人看起来都像自己，人人想的和自己也都一样。我们甚至趋向于雇用像自己的人。大多数时候，这种接近让我们感到舒服。

但我们时不时地会发现自己的处境很尴尬，比如说年会、老乡会，或者面试。我们别无选择，只能试着融入。我们唯一能做的只有适应。

你在参加一场聚会，有一个人喝了太多的低度葡萄酒，不断向你挑起政见论战。无法激怒你时，他便向你大呼小叫，说你支持“恐怖主义”。你可能火烧火燎，想要和他争论，或是一刀见血地指出他酗酒。但是，记住：你是在社交场合，在这样的场合，不只他一个人，还有其他客人。想想礼仪。在任何有旁观者的冲突中，最得体、最适合的策略是赢得旁观者，而不是攻击你的人。要像一只猫一样，展现尊严。表现得像得理的人一样，其他宾客就会把你视为一员，他们会因此而爱戴你。恭喜！你融入了那个环境之中。

聪明的猫会先检查盒子，然后缩进盒子。这不是虚伪，这是适应。礼仪的本质就是这个词：适应。

能适应的人生也是有亲和力的人生。

小技巧

- 按照对方的方式说话，或者表现出对对方的喜欢，能更好地融入对话。
- 若是会伤害别人的感情，即便你说的是显而易见的事实，也不要说。
- 假装喜欢不喜欢的人，能让他们变得更好相处。
- 想让某人乐意被说服，就要让对方觉得高兴、舒适、能掌控大局。
- 即便没有得到真正想要的，也要假装被满足了。
- 在任何有旁观者的冲突中，最得体、最适合的策略是赢得旁观者，而不是赢得攻击你的人。

猫的智慧

用你自己的猫砂盆。

好的礼仪意味着谨慎。不要暴露自己的污秽隐私，也绝对不要展现朋友和同窝猫咪的秽物。

05

赢得忠诚：

善意的挠抓

运用形象工具

当一只猫奉承时……它并非不真诚，你大可将其视作真实的善意而放心接受。

——沃尔特·萨维奇·兰多[1]

此刻，你大概很困惑：我们什么时候才能进入说服？什么时候才会说到致命逻辑、死亡句式？还有让对手自缚手脚，将计就计？

稍后，我们会讲到逻辑和技巧。但扪心自问：你可曾和猫有过逻辑商讨？可曾有猫嘲笑过你的神机妙算？

我想没有。

1. 沃尔特·萨维奇·兰多（Walter Savage Landor，1775—1864），英国诗人和散文家，著有史诗《格比尔》。

那些技巧都是唾手可得的，尤其在你时不时就要和人类争吵的时候。我们甚至会告诉你在和猫打交道时该如何使用逻辑。但是，说服中最重要的工具，必须是对手认为的、你身上有价值的东西。你想让他觉得你很亲和，那就得合群。你想让他不那么生气，就要考虑未来。

而且，最重要的是，你要让他喜欢并信任你。这是这一章要讲的。

猫和人都更愿意倾听它们/他们觉得性格好的人。我们确信你这个人很不错。（你爱猫，是吧？现在，这一点就足够让你成为好人了。）但是，只是好是不够的。你必须让陌生人以及愤怒的猫相信你是一个大好人。这需要说服。

好消息是，一旦对方喜欢并相信你，那他们就不只会聆听你说的话，还常常会按照你的想法去做。甚至，某些时候，对方还是只猫。

那么，让我们看看如何润色你的性格。愿意的话，可以管它叫自画像。古希腊人叫它形象，或者说是“角色”，就是其他人和猫能看见的。伟大的人格造就伟大的领袖。有的人广受爱戴，以至于所有类型的人、所有物种都想跟从他。

想要获得一等的形象，你需要在领导力的三个特质上努力：关心、专业和动机。

总是备好安乐窝

关心意味着让对方认为，你总是优先考虑对方的需求。你只想要对他们来说最好的东西，即便这意味着你得让出自己最爱的椅子，或者损失一件毛衣用来做成完美的毯子。

和人打交道时，这往往会更难。猫总是会让你知道它们最想要的是什么。而人，不会这么直接。你可能每天都会和伴侣在固定的时间一同吃饭，却依然得不到她的忠诚。也许，她真正想要的是一个假期，或是职场晋升的承诺，再或者，是你发现她的发型不一样了。

从人格层面讲，这就是为什么“关心”的第一个工作是发现对方的需求。他们想要什么？医生有的时候会想当然地认为写张处方就够了。大多数病人其实也想要被关心（大多数猫也是如此）。当一个对病人毫无关怀的医生犯了错误，他很有可能要被起诉。但病人对充满关切的医生则会非常宽容。那什么样的医生是关心人的呢？是那些在患者身上花的时间超过患者要求的医生，或是理解为什么坚持控制饮食很难的医生。

对于我们这些不是医生的人来说，同样如此。如果同事觉得我们愿意为他们牺牲自己的时间或者利益，那他们也会愿意在我们搞砸事情的时候睁一只眼闭一只眼。老板同上，更别说政治家以及别的领导了。想想甘地和马丁·路德·金，想想特蕾莎修女。前两个引发了革命，第三个成了圣人。人们想要追随这样关心他们的领袖，这三个人都很清楚他们的受众最大的需求是什么，这也是他们备受爱戴的原因。

如何让别人觉得你关心他们？最直接的方法是真的关心对方。找出对方的需要，日复一日，尽你最大的可能去满足这些需求。

但这不是说服，说服起效更快。要说服别人认为你是一个关心他人的人，你需要做两件事。第一，表现出你的理解；第二，做出一些小小的牺牲。

男友：我快被数学考试弄崩溃了。

女友：要不我不参加篝火晚会了，帮你复习吧。

要小心。在人格塑造上，表现同情要多于仅仅解决问题，而且，绝对不要只是给出建议。

女友：整理完那些架子，我的背快痛死了。

男友：你需要多去健身房，练练背上的肌肉。这样也许还能掉几斤肉。

这对你的形象毫无益处。好的做法是，你要感同身受地看着对方，然后为其按摩。

猫不需要这么复杂的心理学。要让猫觉得你是一个关心它的人，只要待在家里，永远不要出差或是旅行。无论什么时候，只要它想到你的腿上，就放下手上的一切。扔掉电话，不理老板，开一罐吞拿鱼罐头。

看到我们在做的是什么了吗？我们在表明，我们理解猫最需要的是什么，而且，我们要让猫知道，我们愿意为其做任何事。

这不意味着要随叫随到、事事同意。猫很聪明，它知道有些不愉快的东西也是非常需要的。假设它是个笨蛋，吞了根丝带。就算你要时不时从它的嘴里拽出丝带，它也不会讨厌你。甚至就算你把丝带锁在抽屉里，它也很可能会理解。

让猫明白你只在乎它似乎很难，但是真正爱猫的人都清楚，向猫显示爱意要比向人显示容易得多。猫只会简单地认为你的生活中没有别的猫，而人总是捉摸不定。

最适合挠痒痒的地方

“专业”意味着让对方觉得你真的很擅长做这个领域重要的事。你知道该在什么场合做什么事，古人管这种特征叫“常识”。专业远不止书上学到的东西。对于老师而言，需要实际经验才能知道什么时候学生开始无聊，怎么做才能唤回他们的注意力。一个医学院的学生可以在解剖课拿到优异的成绩，但依然准备不好一台阑尾切除手术。专业——常识——需要学习和经验。

和人打交道，你不用教堂课或是切掉一个阑尾，就能展现出专业。一个方法是使用行话——正确的行话。如果你不知道特定人群用的特定词汇，那就少说话。留心听这些词，以及这些人使用的方法。说错词会从根本上动摇你的专业形象。老一辈人若是说自己“推特”新闻，那会让年轻人笑掉大牙的（但也比学习 Snapchat[1] 好）。如果想让某人对你的汽车知识印象深刻，你就要知道扳手和套筒扳手的区别，还要知道哪一个可以用来修理避震器。

猫不会这么重视词汇。对猫来说，重中之重当然是取悦

1. Snapchat：一款图片分享社交软件。

它。专业的人明白对一只特定的猫究竟应该挠哪里。这个人也会相当准时地放好猫粮，有的时候还会提前放好，会买到正确的玩具，会把床铺得舒舒服服，而且永远不会冷。

想让别人信任你吗？那就用正确的词发送群邮件。想让猫信任你？搞定那只过分热情的狗，那家伙一点儿猫的风度都没有。

无论用什么方法，你都要表现出你知道自己在做什么。这是专业。

气味测试

“动机”联系的是你传达好意的能力。你主张的是某些比日复一日的琐事更高的东西。合伙人常常竭力让我们相信，他们表达的是好的愿景，而不只是为了利益。银行谈论给顾客“自由”。快餐为我们想要的优质汉堡包而战。花里胡哨的车和手表代表丑陋、毫无设计感的世界中的高品质。我们很多人都落入这些东西中，花了过多的钱，只因为相信我们是在为“好东西”消费，而这让我们自我感觉良好。

在修辞学里，动机被称为美德。如今，我们觉得美德说的是三从四德。（还有人这么说吗？）在真正很久远的过去——就是上千年甚至更早以前——人们认为男人更应该拥有美德。这意味着要站在比个人更高的层面。“关心”只重视对方的需求，“动机”则是更高的需求，比如说，神、国家、环境或是拯救流浪猫。

换句话说，动机和价值观有关。当然，不是你的价值观，是对方的价值观。假设对方认为，工作比环境重要，跟他们说拯救鲸鱼就对你的形象毫无帮助。谈论增加就业机会要好得多。

这是否意味着你得是条变色龙，假惺惺地为根本不关心的事情站台？或者，更糟糕的，违背个人的信念？

不是。但它确实意味着理解对方的价值观是什么，也意味着尊重那些价值观。假如对方的价值观是邪恶的，那也许你从一开始就不该和他们交谈。但如果你只是跟他们的价值观不同，那你仍然可以尊重他们。他们也是好人，已经在尽其所能了。

有的人认为橄榄球是很糟糕的运动。小孩会受伤，音乐也很差。有的人觉得正是橄榄球让美国伟大。你可以讨厌橄榄球，但依然可以尊重热爱它的球迷，这是最好的修辞，大可不必假装喜欢。若是尊重球迷，他们自然会认为你是值得尊重的人。

但你依然要让对方相信你是有立场的。只要确保你代表的价值是双方都认同的即可。所以，你不喜欢橄榄球，但也许你喜欢墨西哥玉米片[1]，或者啦啦队队长。还有可能，国歌响起时你会热泪盈眶——这是很多人都会相信的动机——你的形象已经在变好了。

猫很难相信这些东西。它们可以看穿动机，除非是食物和安乐窝这样的好事。这在一定程度上是因为猫对好人和坏人的看法比我们更简单。如果你闻起来像家人，你就是家人。闻起来像家人意味着充足的陪伴，因为这是家人干的事。人和人之间的忠诚，基于他们喜欢的电影、对移民和税收的看法，但这在区分好坏上并没有多大作用。

也许，我们得多发展出一些如同猫对气味的那种感知。

关心、专业和动机是猫和人用来判断形象的三个特征。区别在于，和人打交道时可以作假。人类修辞只和你营造出的印象有关，无论真实与否。现在，如果你真的是个很好的人，那么要留下好印象就容易得多。但想想那些被选上的政

---

1. nachos，即烤干酪辣味玉米片，或称墨西哥玉米片，是人们看球赛时常吃的垃圾食品。

客，还有那些错误的先知、歹徒和超级销售员，他们内心肮脏却受人爱戴。亚伯拉罕·林肯说，你不能永远愚弄所有人。他设定的人性准则真是够低的。实际上，你可以在某些时候愚弄所有人，在所有时候愚弄某些人，但是，你不能长期愚弄一只猫。如果你不是一个爱猫的人，它会忽视你。它会知道你不是“好人”。所以，获得猫的爱与尊敬，最好的办法是提供绝佳的关心、专业和动机。把你自己献给猫，在玩耍和就餐时间表现出色，而且，最重要的是——陪伴。对一只猫而言，这就是你的动机。

人，生而为人，需要学习更多的修辞艺术来获得尊重。假设你是一个超级好人，很擅长做某件事情，但你得到的欣赏远远不够，那么，你需要反省你对他人的关心程度、在紧急情况下解决问题的能力，以及为更伟大的愿景而奋斗的能力。检查你的简历，看看是否体现了这三个特征。当你在做一件好事的时候，不要孤芳自赏。让人们知道你有多优秀，这将对你的口碑起到神奇的作用。

但对猫不行。

小技巧

- 说服中最重要的工具，必须是对手认为的、你身上有价值的东西。
- 在说服中，要让对方喜欢并信任你。
- 要说服别人认为你是一个关心他人的人，第一，要表现出你的理解;第二，做出一些小小的牺牲。
- 表现同情要多于仅仅解决问题，而且，绝对不要只是给出建议。
- 在说服中要表明你理解对方最需要的是什么，而且，要让对方知道你愿意为其做任何事。
- 用正确的行话体现你的专业，让别人信任你。
- 立场可以不同，但一定要是双方都认同的。
- 相比于真正的优秀，让别人知道你有多优秀，更能带来正面的口碑。

猫的智慧

美德藏在规律的行为中。

每天都要在特定的时间睡觉、吃饭，做任何事都要有规律。习惯让猫如此高尚。

06

有逻辑地说服：

可追踪捕鼠器

让猫过来

罗马深陷烈火之中时，皇帝的猫依然期望能按时开饭。

——肖恩 · 麦奎尔[1]

毫无疑问，你永远不能让猫过来，除非它想过来。爱狗人士总是拿这一点说事。他们据此认为，猫是以自我为中心的，而且目中无人。这可冤枉猫了。作为一个理智的生物，猫需要理由。只有在有明显的好处时，它才会过来。

一个绝妙的理由是食物。在用餐时间呼唤一只猫，它会一路快跑过来。甚至在饭点之前叫它，它也会冲向厨房。

1. 肖恩 · 麦奎尔（Seanan McGuire），美国畅销书作家，擅长写少年奇幻小说；爱好之一是骚扰自己的猫。

看到了吗？告诉你的猫为什么过来，而不是总想让它们照着你的想法做。

舒服地挠痒痒是另一个呼唤猫前来的理由。大多数猫喜欢被撸，往好的方面说，当你能摸摸它时，它就会出现。

- 最喜欢的玩具：也是好主意。
- 猫薄荷：棒！
- 大腿：显而易见。

现在，如果你给不出好的理由，猫会合理地问："我为什么要这么做？"对于爱狗人士，这个问题也许有些粗鲁。狗是无脑崇拜者。但如果白天你仔细聆听猫的声音，你会发现，它其实常常呼唤你过去。然而，你有多经常遵从呢？一只聪明的猫——其实大多数猫都非常聪明——都不会在你做不到的时候生你的气。它很清楚它要给出更好的理由。所以，它改变叫声，更响亮、更迫切地叫唤，直到阻止长嚎成为过来的理由。或者，它会用巨大的、小鹿斑比一样的眼睛看着你，小嘴微启。大多数人类会立刻屈服于这无声的叫唤。人在这么做的时候就有点傻乎乎的。

同样，人也不总是响应别人的召唤。

男朋友：过来。

女朋友：现在？

男朋友：对。

女朋友：干吗？

男朋友：你需要理由吗？

女朋友：对。

这就是要用到说服的地方——不只是让人或猫过来，更是让他们做你想让他们做的事。理由不一定非得是贿赂，甚至不一定是事实。

逻辑组合拳

好了，现在我们不得不用一个你可能不太熟悉的词。和猫不一样，很多人倾向于假装没看见陌生的词语。说服逻辑术最重要的基石是——终于等到了——三段论。你要是想吓唬吓唬谁，这可是个了不起的词，前提是对方得是个人。我说，冠冕堂皇的词可吓不住猫。

三段论就是逻辑缜密的攻击，像拳击中的刺拳和交叉拳组合。

你需要的只有两个要素：

1. 证据，或者“理由”，随你喜欢。

2. 结论。

证据：我闻到厨房操作台上有吞拿鱼的味道。

结论：我该跳上台面。

正如你所见，猫非常擅长三段论。人嘛，就不是了。

甲：我不想去“文艺复兴市集”。

乙：为什么不想去？

甲：我就是不想，这就是为什么。

这不是三段论。在三段论中，每一个结论都需要一个理由。理由不能是结论本身。“我不想去因为我不想去”，自己咬自己的尾巴，这像只小狗。

让我们再试一次。

甲：我不想去“文艺复兴市集”。

乙：为什么不想去？

甲：我听说那里会有跳莫里斯舞[1]的人。

绝佳的三段论。证据——一队绑着铃铛、拿着小棍子的烦人舞者，实为隐患——支撑去市集是个糟糕主意的结论。你看，三段论的每个部分都可以提前，无论是证据还是结论。

我听说那里会有跳莫里斯舞的人，所以我不想去。
我不想去，因为那里可能会有跳莫里斯舞的人。

猫早就知道了。

鞋带很好玩。因此，它们是玩具。
鞋带是玩具，因为它们很好玩，尤其当人想系紧的时候。

你就是没办法打败这样无懈可击的逻辑。如果你曾经为三段论到底有什么用而困惑过，就想想猫为什么要用。如果你给了它足够好的理由，结论是它自然会向你走来。在说服之中，结论往往包含选择（“我想我会去的”），或者是行动（正在去）。

1. 莫里斯舞（Morris），一种英国民间舞蹈，时间悠久，起源不详，有异教风情。

明白了吗？这样你就超过了大多数人，包括政客。说到政客，要是有人和你说些废话，或者试图操纵你，三段论是最简单的应对方法。

让我们进一步分析理由——也就是三段论的“证据”部分——来看看怎么做。这是个非常好的办法，可以看出谁是浑蛋，或者——如果你才是邪恶的人——如何操纵别人。

事实是对方认为的事实

理由常常从事实开始。

今天早上的太阳和昨天的在一个时间升起。因此，猫知道，你会在特定的时间起床，无论闹钟显示的是几点。太阳升起是事实。

一加一等于二是另一个事实。把一只新的小猫放进有一只猫的窝里，你会得到两只互相撕咬的猫。作为人，你当然知道，一只猫加上一只猫等于两只猫。

但即便是板上钉钉的事实，也会有不同的面向，这取决于对谁而言。如果你不是晨起型的人，也没有猫，那太阳升起也许就是个理论。对你原来的猫而言，一只猫加上一只猫最多等于一只猫。

每个事实会有不同的解释。一个人也许觉得，金枪鱼味润肠剂是很美味的零食。另一个人可能会觉得这很恶心。

涉及说服，对方相信什么远比事实本身重要。如果对方不认为鹅肝酱对它有好处，那这个事实就无法说服它。对方也许认为吃掉一只比自己还重的火鸡主意不错，那吃掉火鸡会让它不舒服的事实，也就不会有说服力。

当然，我们谈论的是人类。

人们希望协商的时候只有事实和逻辑。但有效说服必须涉及选择，比如“去”或“不去”。一个选择不是一个事实。影响选择的主要因素往往和对方相信或期待的东西有关。如果对方（比如猫）相信，去了会有一顿美餐或是奢华的按摩服务，那他就会被说服。

因此，不是所有证据或理由都得从事实出发。如果猫或人相信某些事一定会成真，他就会被说服，就好像信念已经成为事实一样。如果一个人相信房子里闹鬼，他就会拒绝买这栋房子——管它到底有没有鬼。

猫会追着一个闪烁的红色激光点跑，因为它相信，这个点是一只快速移动的、闪闪发光的虫子——人类用一个小棍子控制的虫子。这相当有道理——比信鬼有根据得多——即便不完全正确。所以，如果你能让猫或者人相信某些事，或者你是从他们已经相信的事物出发，那么，你可以利用这些信念，就好像它是既成的事实。

移动的红点是只虫子。因此，应该抓住它。

信念有两个来源：经验和期待。你那只普普通通的小猫曾经和虫子有过许多欢乐的时光。它希冀任何像虫子一样运动的东西都能同样有趣。

在有趣的另一面，一只跳进热锅炉的猫，有了一次糟糕的经历。此后，它会离热锅炉远远的。但是，正如马克·吐温发现的，它也会拒绝跳进一个冷的锅炉。因为它认为每一个锅炉都会是热的。已有的经验告诉它，锅炉就是热的。这导致的预期是，未来遇到的锅炉也会那么烫。因此，它相信，锅炉不是个跳进去的好地方。宁可万无一失，也不要事后懊悔。

只要经历过一次，猫就能得到强烈的信念。它们是快速学习者。给猫一种新的零食，如果它喜欢，它会余生都期待这种零食。经历带来期待，产生信念，即“零食是好东西”。猫也足够聪慧并知道，“好事”都不应该有尽头。

人类学起来要慢得多。他们经常需要经历两或三个灾难才能相信某件事。政府选举更加糟糕，那得需要几十年的灾难来获得信念。

你要是想说服某个人，求诸事实很好。但是能说服人的部分，只有在你说到对方的心坎儿上时，才会起作用。假如你是一家公司的经理，高层要求你提高生产力。你可以召集部门的所有人，用幻灯片展示其他部门的生产效率要高多少。或者，你可以做一个非常清晰的图表，完美地展现出如果每个人都早到半个小时，那可以多做多少工作。幻灯片能说服你的同事付出更多的时间或精力吗？在我们待过的公司，没一个能成的。

相反，你应该想要先倾听，试着搜集到办公室里的人早就相信的事情。你听到他们觉得压力太大、认可不足，他们感到无能为力。所以，与其过分依赖事实和数据，你得从同事的观念开始：

你：总部给我们设置了挑战。如何能够提高生产力？我需要你们最好的主意。我们一周之后来商讨。告诉我，我们怎样能做到更好。如果我们成功了，我保证总部会知道的，我会为你们争取到应得的奖赏。

现在，也许你的同事并没有过度负荷，而你刚好是前所未有的好倾听者。从修辞学来讲，这些事实都不重要。人们知道他们相信什么，就像猫一样。也许他们的信念是错的，但是从说服的角度来看，他们是非常有逻辑的。

遇到事实的时候，猫可以和人一样愚蠢。任何一个用激光笔逗过猫的人都知道，他手握的事实有多么不可靠。猫也非常擅长忽略它们不认同的事实。

你：不，我不会给你任何零食，因为你越来越胖了。

猫：（意味深长的沉默。）

习惯让事成真

猫可以把好事情变成习惯，只要人类配合。而习惯和真理一样好。

对于人来说这可能有点费解，所以，值得重复一遍：习惯和真理一样好。

实际上，这并没有听起来这么复杂。太阳每天都会升起，从太阳的角度看，这是个习惯。基于我们经历的每一次日出，我们期望太阳明天还会升起，后天以及之后的每一天也是如此。我们的经验带来了这样的期待。这是信念。（这也是个谬误，叫作前例谬误。尽管只要我们避免炸掉地球，太阳似乎会一如既往地稳定，但据此认为，你想开多快就能开多快，也遇不上车祸，这就是谬误。）当你，或者对方和猫相信某件事会成真，从说服的角度来讲，那它就和真理一样好。所以，在修辞的艺术里，太阳每日升起的习惯是真实的。

正如你所知，猫在习惯方面非常擅长，而作为捕猎者，它们在观察其他物种——包括老鼠、鸟和人——的习惯，也是大师级的。“只要看着，你就能发现很多。”尤吉·贝拉[1]如此说道（他前生肯定是只猫），他人的习惯也会成为真理。如果你每天早上在同一时间起床，那你的闹钟就和太阳一样真实，在猫看来，事情就是如此。

从另一方面看，起床不规律对猫不啻谎言。这就是为什么从夏令时[2]转到标准时间[3]后，我们晚起一个小时，会让一只敏感的猫十分沮丧。

这是我们需要从猫身上学到的另一种智慧——稳定的习

---

1. 尤吉·贝拉（Yogi Berra，1925—2015），美国职业橄榄球运动员，曾在十八年的职业生涯中参与了十四次橄榄球世界杯，并创下了三项世界纪录。

2. 夏令时（daylight-saving），指在天亮早的夏季认为将时间调快一个小时，可以使人早睡早起，减少照明量，节约能源。

3. 标准时间（standardtime），即格林尼治标准时间，是指位于英国伦敦郊区的皇家格林尼治天文台的标准时间。

惯就是一套真理。它们构成了我们。偏离好习惯足够久之后，看起来就会像个骗子。因为信念来自经历和期待。对于猫，经历和期待是一回事。真有智慧。

如果从未说服过自己好好吃饭，那么，试着像猫一样思考。不要试着自我鼓励，相反，试着培养习惯。如果你总是不吃早餐，只是匆匆吃一点丹麦式早午餐，那就先给自己打杯果汁吧。搭配上你不喜欢的，甚至在脑子清醒时碰都不会碰的东西，比如菠菜、奇亚籽和原味酸奶。强迫自己每天喝下，直到成为习惯。要是之后你不喝果汁就吃早午饭了，那么心里多少都会有点过意不去。现在，你明白猫是怎么想的了吧。

假如习惯是某种长期、严肃的经历呢?

习惯带来的期待是，你会再次这么做。而期待，在说服的世界里和真理等同。

当然，猫很乐意你时不时给它点零食。稳定的习惯是好的，但你不应该太过苛刻。事实上，往前一步，把偶尔为之的奖赏变成稳定的习惯，它压根儿不会介意的。

当你呼唤一只猫的时候，这一切有什么用呢?用处非凡。为了让猫过来，它必须相信过来是一件好事，一件真的会发生的事。如果过来不是好事，那它就不是真的，因为对于猫来说，好事就是真的。至于好事，我是从猫的角度讲的，不是你。

小技巧

- 在三段论中，每一个结论都需要一个理由，理由不能是结论本身。
- 三段论的每个部分都可以提前，无论是证据还是结论。
- 在说服中，对方相信什么远比事实本身重要。
- 选择不是事实，影响选择的主要因素往往和对方相信或期待的东西有关。
- 不是所有证据或理由都得从事实出发。
- 如果你能让他人相信某些事，或者是从他们已经相信的事物出发，那么，你可以利用这些信念，就好像它们是事实。
- 能说服人的部分，只有在你说到对方的心坎儿上时，才会起作用。
- 习惯带来的期待是,你会再次这么做。而期待，在说服的世界里和真理等同。

猫的智慧

永远不吃花媳妇儿[1]。

被美貌和雄辩迷得团团转时，记住：如果它真有虫子那么可爱，味道应该也不差。

1. 花媳妇儿（ladybug），即瓢虫。

07

拒绝操纵：

魔力书柜

逻辑谬误以及它们为什么能愚弄我们

不管是谁，只要他相信猫说的，他就值得拥有他已得到的一切。

——尼尔·盖曼

到目前为止，我们已经阐述了既令人愉悦又能说服猫和人的方法。但是，学习这些工具最重要的原因之一是防止自己被说服，除非你自己想被说服。

我们这些有猫的人通常都很喜欢被猫操控。它往往能把事情理得井井有条、明明白白。此外，让一只猫领着走是多么有趣的事情。如果你拥有的是狗，情况也差不多。

但如果是被人引诱，就不怎么有意思了，除非你正爱着那个人。销售员、市场专员还有政客，用诡计让我们买自己并不想要的东西，或者远远超支。再或者，就是让我们生活在纸老虎的恐惧中，甚至让我们讨厌大好人和传统习俗。

说服是一门黑暗艺术。如果你想让它不这么黑暗，就要加入亮光。为了阻止那些操纵者，避免着了道儿，你可以学习他们最有力的两个工具：场面话和谬误。这些都和修辞的逻辑有关。更进一步说，是不合逻辑的部分。

第一个工具是混淆词语的含义。

玩具就是玩具

一个人信口雌黄的最确切信号之一，是他说“有事情要发生了”。在政治上，人们总是这么说：“有事情要发生了。”你也能听到政客这样谈论战争，尽管他们并不真的指战争，而是反对普通人的战争，或反对白人的战争。

然后是“他们”。他们在摧毁我们的国家。他们在入侵。

你知道这些词是什么吗？它们是表面，就像轿车的外壁或者西方电影布景中的橱柜。这些词听上去跟真的一样，但是深入内里，空无一物，毫无意义。

抵抗场面话最有力的是一个简单的句子：“你说的 ××× 是什么？”

听到某人说“有事情要发生了”，你问“你说的事情是什么？”你还可以问“发生什么了？”“这个事情发生有一阵儿了吗？”“这个事情在扩大吗？”“这个事情会导致什么问题？”

“战争”同理。战争是严肃的事情，很多人死于其中。整座城市，甚至文明都能被摧毁。当然，普通老百姓也会被波及。很多因素也许会伤害普通人——合作、贸易联盟或是任何你相信的东西——但无人机来袭击了吗？有军队进驻吗？有人被捕吗？

另外，任何时候，有人用“他们”指代一群人却没有特指时，问这个问题：“你说的他们是指谁？”

这个问题就像一颗炮弹，向虚假的汽车外壁滚去。一旦你这么做了，就能懂得这些场面话背后真正的含义。

“战争”这个词是个隐喻。它的作用是假设。看着农田说这是海洋，你在假装摇摆的茎叶是海浪，这无伤大雅。没有人会在麦子上泛舟。但是当人们过于遵照字面意思时，隐喻会变得烦人。人们为了保卫自己、反对“战争”而开始大谈“敌人”时，你就陷入了恐怖主义的危机。

玩弄假设时，猫比我们要敏感得多。猫玩具模拟的是猎物。没错，你的猫也许会把它叼来叼去，还想吃掉它。但是很快，它就会恢复理智。

反过来说，隐喻是一种比喻。比喻是在假装的词。最隐蔽的比喻，大多数人都未曾听过，它叫作借代。借代处理的是人群的一部分，但它假装面对的是整个群体。一个移民犯了罪，最龌龊的政客会假设移民都是罪犯。古时候，富人看起来都是无比肥胖，抽着雪茄，名叫安德鲁·卡内基的百万富翁。人们管他叫“肥猫”。在某些场合，这也许是赞扬。但是这个词很有可能会伤害某些富人，还有很多猫。

比喻是很诡诈的，即便你知道它们指代什么，因为就算是指代也可以很隐蔽。“他们”是代词，这是最基本的语法。代词的基本含义是它指代的那个词，指代的那个词是本体。当某人使用代词“它”“他”“他们”时，去寻找前因。想想在这个词之前是否有本体，比如“移民”。然后，想想这些移民，以及说话的人关于他们的表述是否有道理。

我们的大脑喜欢在事物之间建立联系，看到几片云就觉得那是旗帜，听到几个音符就能唱出整首歌。这种能力让我们变得机敏。我们可以一叶知秋，这也是为什么统治世界的是人而不是猫。但同样的特点也能让我们跳跃得出错误的结论。我们一看到某种标志，就假设对方是犯罪团伙的人。或者听到某个口音，就觉得那是个恐怖主义者。政客在这种跳跃式结论上添油加醋，他们利用我们的省略步骤来操纵我们。

这对猫可行不通。作为狩猎者，它们的思维更简单。如果它们无法理解我们，那多半是我们的错。

男人对爱人说：你在玩弄我的感情。

猫听到“玩”这个字就跑了过来。对猫而言，玩就是玩，不是比喻。

如果这些让你觉得自己和猫一样迷惑不解，那就想想补救方法。如果“你说的 ××× 是什么？”不起作用，事情没有变清楚，那就问细节：

- “到底是谁？”
- “有多少？”
- “什么时候？”

“他们是谁？”“有多少人？”“人数在增加吗？”“他们什么时候到这儿的？”如果这还没用，接着问来源。

你：你从哪儿听说的？

思考那些来源。是你那个刚刚开始用脸书的老阿姨吗？还是匆匆一瞥科学杂志得来的印象？

记住要问以下三件事：

1．定义。

2．细节。

3．来源。

对方也许会觉得你的问题很讨厌，但这些着实能帮助他讲得更清楚。不得不思考事实、定义和细节，可以切实让一个满嘴跑火车的人说话收敛一些。

反对者：好吧，也许不是所有移民，甚至也可能不是他们当中的大部分人。

比喻和隐喻更经常愚弄的是人，而不是猫。知道什么能同时愚弄猫和人吗？谬误。

错误的嘶嘶声

谬误是一个混淆了逻辑的论点。

当一只猫对另一只猫有了不合理的看法时，谬误就成真了。举个例子，一只母猫常常都不喜欢别的母猫。这是领地问题。但一只母猫不会只是厌恶其他母猫，它也会对女性人类发出嘶嘶声并伸出爪子。

人类也会做一模一样的事。他们在电视上看到一个深色皮肤的虚拟角色被定为罪犯，就害怕每一个现实生活中有着深色皮肤的人。一个小孩子在餐馆里大哭大闹，旁观者就会想：现在的小孩子……

这种谬误对人对猫都一样，它叫轻率归纳，只根据一或两个案例就得出假设。

为什么是轻率的？因为很多仔细推敲得出的归纳常常被证明是正确的，至少在大多数情况下没错。比如，男人不能怀孕。这个归纳在任何时候看起来都是对的。冬天总是比夏天冷，大多数时候正确。女人的声音比男人尖细，大多数时候如此。

任何用数据来描述的都是归纳。如果有五分之四的医生喜欢特定牌子的牙膏，那认为医生们应该会喜欢那种牙膏就是合理的。但轻率归纳诡诈——甚至邪恶——的一面会在面对个体时显现。从统计上看，女人的胳膊要比男人无力。但这并不意味着任何男的都能在掰手腕比赛中赢得每个女人。男孩子往往比女孩子更喜欢卡车。但这难道意味着喜欢卡车的女孩就不是真的女孩了吗？甚至连猫都不会犯这种错。猫完全清楚有卡车的女孩还是个女孩。

另一方面，如果你在早上四点钟喂猫，猫很有可能认为早饭就应该在早晨四点钟开始。对于喜欢的谬误，猫可是无比擅长的。

巧合不是魔术

另外一个有趣而危险的谬误，是同时发生的两件事有因果关系。一只特定的猫（它要求匿名）认为，坐在某一格书架上就能提前吃晚饭。那是因为有一次它恰巧跳上了那格书架，而它的主人刚好要出门约会，就提前准备了晚餐。"嗯，"猫想，"我一跳上书架就有晚饭了。因此，跳上书架就会带来晚饭。"所以，它连着几个星期待在上面，满心失望，直到放弃了这个念头。（它还是会在饭前一个小时跳上书架，只不过现在，这只是个习惯而已。）

很多人的迷信肇始于同样的谬误。橄榄球运动员打出大满贯的时候正穿着不舒服的底裤。此后，同样紧身、有破洞的底裤就成了他必穿制服的一部分。这种谬误有一个花哨的名字：事后归因谬误，来自拉丁语“post hoc,ergo propter hoc”，意思是“在此之后，因而必然由此造成”。当一件事和别的事相伴发生，且人和猫认为这关联的二者有因果关系时，他们就会坐实这个谬误。有的家长拒绝为两岁的孩子接种救命疫苗，只是因为有的小孩在接种之后确诊得了自闭症。自闭症被发现的时间，刚好是在小朋友们接种两周岁疫苗的时候。这使得少数家长认为，是疫苗导致了自闭症，尽管科学早已明确证明并非如此。

事后归因谬误总是一点点地动摇我们。一个学生整个晚上都在参加聚会，然后在考试中拿了满分。结论：参加聚会强化了他的心理素质！但丝毫不顾他曾在课堂上花费了额外的精力，以及早就把教材读得滚瓜烂熟的事实。

抑或，你去度假，然后整个星期都在下雨。“我很抱歉，”你对酒店经理说，“我让天下雨了。”即便你是在开小玩笑，但也是在提出一个小小的谬误。假如退一步而言，你真的让天下了雨，你应该换个职业，农民会付大价钱给你的。

闭上眼就会过去

如果你曾见到一只猫把脑袋藏在箱子里，屁股却翘在外面，那你看到的就是谬误老手常常做的事情。它是这么开始的："只要我看不见，它就不存在。"猫会忽视它不喜欢的东西，态度无可挑剔，就是假设那个东西不存在，这会让它好像真的不存在一样。

如果医生也这么做，那就不太好了。他告诉你，检测结果不太好，所以，你没毛病。然而，你还是觉得不舒服。你的身体就是有毛病。这个医生犯的是诉诸无知：不知道某事就说明它不存在。

质疑任何科学未曾证明的事物是很好的。但是，正如一个词语叫"空穴来风"。科学尚未发现其他星球上有智能生物。这难道意味着在地球以外就没有智慧甚至浑身是毛的外星人吗？

每只猫都有先例

猫在很多方面都比人聪明，其中之一是对于前提的态度。面对一只陌生的狗，猫总是很谨慎——就算这只猫的一生中除了友善的狗，啥也没遇到过。看看人在慌乱时刻是怎么做的。

如果他每天都开车走同样的路去公司，也没遇到意外，那他多半会像疯子一样开车。为什么？因为这条路他走过很多年了，也总是开得和疯子一样，没出过一起意外。因此，不会有坏事发生的，对吧？这种谬误叫作前例谬误，是假设曾经发生的事情会决定今后的事。

在美国内战之前，很多美国人相信各州之间不会互相攻击。为什么？因为它们从未这么做过。可悲的前例谬误。

现在看看你那只普普通通、自尊自重的猫。它看到你端着一盘食物走过，天天如此，但一点儿都没让它尝。那意味着你以后一口都不会给它吃吗？不！那太荒谬了，它拒绝这个谬误，反而会在每次你经过的时候，都意味深长地盯着你。它会穷尽各种方法说服你停下来，让它饱餐一顿，或者就吃一口，再或者，如果你是个真正的朋友，盘子里所有的肉都会给它的！（蔬菜归你！）

猫知道每件事都有先例。在每一次先例发生之前，要等上很长一段无事发生的时间。

周五晚上开车回家的人们要像聪明的猫一样思考，这能救很多条命。

追尾巴谬误

你是否遇到过同义反复的词？这是一种糟糕的逻辑，证据和结论是一样的。

为了有利于大脑和修辞能力，一些猫会偶尔使用同义反复。

猫：我想吃！（尖声喵喵叫，可怜兮兮的。）

你：为什么？再有两个小时就吃晚饭了。

猫：因为我饿了。（叫声尖细可怜。）

“我想吃，因为我饿了。”结论（“我想吃”）和证据（“我饿了”）极为相似。

另外一个猫会使用同义反复的地方通常是玩。

猫：我想要逗猫棒！（一边叫，一边意味深长地看向放着逗猫棒的柜子。）

你：为什么？我们一个小时前刚刚玩过，我还有家务要做。你现在要逗猫棒想干吗？

猫：我想玩！（一边发出低沉的喵喵叫，一边意味深长地看向柜子。）

不是所有同义反复都这么明显。人类使用的一部分同义反复——尤其是广告商和政客操控的那些——很难甄别。

纸杯蛋糕餐能让你减肥，摆脱不想要的体重！

当然，你可以砍掉自己的腿，来减到想要的体重。或者，更合理的做法是，你可以减掉肌肉。但“不想要的体重”指的只是赘肉。大多数人想到减肥，他们想的都是减掉赘肉。所以，纸杯蛋糕餐可以让你通过摆脱赘肉减掉体重。这是同义反复。猫会看出这很荒谬，除非纸杯蛋糕是用吞拿鱼做的。

如果它有爪子，它是个谬误

有一种很特殊的谬误，它必须和“咬”这个动作一起发生。当一只猫咬你的胳膊，或者抓你的腿，以此来说服你，这其实犯了由亚里士多德亲自命名的谬误。它让人印象深刻。亚里士多德称这是棍棒出结论的谬误。显然，他起名的时候没想到猫。否则，他也许会叫它“爪子出结论”。

谬误在哪里？合理的协商试图说服某人做出心甘情愿的

决定。

因此，棍棒出结论不是协商，而是争斗。正如你早已知道的，成功的说服是让对方想做某事。暴力或者威胁让人们不情不愿、被强迫。

顺便一提，注意我们是把“威胁”和事实暴力看为等同的，两者都属于同一种谬误——棍棒出结论。因为威胁能强迫人们做他们不想做的事情，就像事实暴力。换句话说，嗞嗞叫的猫和咬人的猫犯了一样的谬误，只不过没那么疼。

小技巧

- 当某人使用代词“它”“他”“他们”时，寻找这些词的前因，想想表述是否有道理。
- 引导对方思考事实、定义和细节，可以让一个满嘴跑火车的人说话收敛一些。
- 只根据一或两个案例就得出的假设，往往是轻率归纳。
- 同时发生的两件事不一定有因果关系。
- 不知道某事就说明它不存在，这是错误的。
- 假设曾经发生的事情会决定今后的事是前例谬误。
- 证据和结论一样的词是同义反复。
- 暴力或者威胁让人做某事不是说服，是争斗。

猫的智慧

咬人是下下策。

在修辞学里，暴力是唯一真实的谬误。没错，在脚踝轻轻嘬一口可以引起你的注意，但狂咬会破坏对话。

08

用身体说话：

眼神密谋

用语调和姿势说服别人

和猫相处的问题在于，无论面对的是飞蛾还是杀人犯，它们的眼神都完全不变。

——保拉·庞德斯通[1]

猫很清楚语言被夸大了。猫的身体语言可以很有说服力，对人类来说也是如此——即便是在自我说服上也一样。比如说，好的姿态可以伪造出自信，即便你因为要在陌生人面前说话而吓得半死。假装自信可以帮助你获得自信。

然后是姿势——抬起下巴、耸耸肩、比中指。想想那些你不用说一句话就能传达意思的方式。

1. 保拉·庞德斯通（Paula Poundstone，1959 年至今），美国演员、作家。

这不是说我们可以像猫一样，一言不发就把意思表达清楚。可悲的是，大多数人缺了条尾巴，而且没有一个人能熟练掌握猫咪的无声咆哮艺术。

但如果联合身体语言和词语，我们就可以提升自己在说服中的技术，甚至这能应用于猫。

让我们从姿势开始。

首先，收起你的尾巴

猫明白，如果你能保持庄严、笔直的站姿，那你几乎不需要练习了。好的姿势让你看上去健康，秘诀在于要站或坐得笔直，但又不要用力过度——猫可以轻而易举地做到这件事。猫的优势在于拥有大小一致的四肢，而我们的手和腿决定了要做出好的姿势难度会更大，因此我们需要练习。

要站得像个领导，你需要考虑三点：臀部、肩膀和头。

1. 收起屁股，或者尾巴，也就是你最后面的部分不要突出。

2. 肩膀往后旋，然后自然笔直下垂。有一个技巧：走进房间之前，把手放在脑袋后面将碰又碰不到的位置。尽可能地把手肘往后拉，保持这个姿势五秒钟，放松，再做一次。

3. 头摆正，完全放松脖子，脑袋不要四处晃。

坐姿大体也是如此。但是，要坐得笔直可比站着难。如果只有你一个人坐在躺椅上，读书或者看电视，那就把坐姿抛到脑后，想怎么坐就怎么坐。这是讲说服的书，不是健美。

但假如你身处一场面试中，或作为嘉宾出席了《吉米今夜秀》[1]。绝佳坐姿的关键是头。想象你的头是一个气球，正笔直地向天花板飘去。现在，让它在同一方向上拉动你的脊椎。保持脊椎远离椅背——椅背可是姿势杀手。为了看上去不僵硬，你需要下垂放松肩膀——不要往前收，直直向下。很好，你现在坐得像只猫了。

为什么要这么麻烦呢？

好的姿势让你能像猫一样得到尊重。

人们会视你为有自信的人。他们也许还会问你是否锻炼过。好的姿势甚至能让你看起来比实际体重少了五到十千克。吃甜点的时候也要坐好。

1.《吉米今夜秀》是美国晚间脱口秀，主持人是吉米·法伦。

这和说服有什么关系？关系大着呢。姿势是肢体语言版的基本语法。它让你看起来十分得体。比如说，你知道自己出身如何。但如果有了好的姿势，就像好的语法，你就可以和那些最优秀的人交往。

除了提升形象，姿势还能让你看起来像一个好的聆听者。如果人们觉得你在听他们的观点，那他们会更愿意被你说服。有一个极好的方法可以显示你在听，即便你并没有。（真的倾听确实会有回报。但如果显示出你在听，那回报会更多。）从头开始，当别人说话时，用两种方式来控制你的头。

首先，直视说话者的眼睛。频繁点头——轻轻点头，不是猛点。（大幅度、猛烈地点头说明你早就知道对方说的事情了。这会招人烦。）

现在，试着往下看说话者的脚，保持轻轻点头。这会让你看起来像在聚精会神地听。如果对方是在讲故事或者笑话，第一个方法就够了。但如果说话者很生气或者沮丧，第二种方法更好，往下看让你不太具备攻击性。

努力让自己看起来在听是很重要的。猫通过转动耳朵来做到这一点。这个倾听技巧更为巧妙，但大多数人转动耳朵的时候，会很奇怪。

如果是你在说话，那需要你做的就不只是站直，同时还要试着让躯干保持稳定。面向一群人讲话有个小技巧：试想腰上系着一个十千克的钢球，想象它在你的两腿间晃动。现在，试着让它保持稳定。要这么做，你得避免在两腿之间变动身体重心，还要让脚站稳。这种稳如磐石的站姿会让你表达观点时绝对自信。

就算对方只有一个人，或者你是坐着的，假想重量的技巧一样有效。想想从身体正中垂直往下保持平衡，这将有助于你避免多余的小动作或者蠕动身体。你母亲总是叫你不要动来动去，她是对的，那会让听者分心。

为了获得灵感，你可以花一两个小时观察猫——尤其当猫没有特定目标还盯着窗外看的时候，它的一只耳朵也会时不时地转动，仅以此来显示它在听。除此之外，它就像个打坐的僧人，无论风云如何变幻，都不为所动。

其次，不要伸爪子

一旦掌控了身体，是时候想想你的手势了。因为我们没有尾巴，大多数的手势必须靠胳膊和手完成。当我们自拍的时候，这确实大有好处，远胜于猫。猫叫的时候，很难看到它的尾巴。（当然，猫视频总会更受欢迎，部分是因为它们说话比人少。)

你可以只靠交叉胳膊来表达很多含义。避免把手插入腋窝，这表示防御，它会让你显得内疚或者脆弱。相反，包住外侧的手臂——肱二头肌和肱三头肌，这显示出力量和自重。

通常，交叉手臂传递的是怀疑。这会让你像一个难啃的硬骨头。如果有人想让你做你不想做的事情，在他说话时，你可以交叉手臂。但如果你是要说服别人做某事，就要避免这个姿势。

猫不会交叉四肢来显示自重或怀疑。相反，它们会优雅地卷起尾巴。当你试着让猫做它不想做的事情时，这个姿势很常见。

对人而言，交叉手臂的反面是打开双手的姿势。发表讲话时用这个姿势。站立，打开双臂，就好像你真的要去拥抱某些人，掌心面向观众。这个姿势表示“我相信你，我毫无隐瞒”。在说服谈话结束时使用打开手臂的姿势，那时你已经十拿九稳能改变对方的心意了。在一对一的协商中，这个姿势表示“我不想吵架，让我们找个办法”。这一招用来对付生气的人极好。至少一个生气的人不会在你张开双臂的时候还要打你。

猫张开双臂的姿势是直立尾巴。当尾巴在猫身后笔直竖起时，那意味着信任与无辜。“没人会踩在这上面的。”尾巴在说，“和这些大脚丫人类在一起感觉安全极了。”同时，猫还在说：“我指着良心说话，我没有打破架子上的任何东西，至少这十分钟内没有。”

我们这些非猫生物还有别的手势：

- 挥舞拳头以示力量和进攻。
- 挥手可以象征幽默、愤怒或者又生气又好笑。
- 前后甩动手臂意味着某种进程。
- 同时将双手从一边移到另一边是一个很好的方式，可以表达“另一方面……”这种观点。

大多数时候，只用手势完成大部分肢体表达是最好的，身体的其他部分要保持稳定。猫就是这么做的，只不过它们是用抖动的尾巴来代替挥动的手。一只猫如果只抖动尾巴尖的部分，它也许已经准备好要打架，或者是玩耍和捕猎。准备好猛扑——或者佯装猛扑——的猫，会把尾巴从一边甩到另一边。

有的猫高兴的时候会摆动尾巴，和狗一样。知道姿势的区别很重要，这样你才清楚什么时候猫会扑向你、咬你或者和你玩。观察人类的手也能得到类似的信息。

在手势上，人类和猫没那么不一样，真的。

最后，用你漂亮的眼睛传情达意

猫知道，最有说服力的面部表情都是从眼睛开始的。事实上，猫的表情始于眼睛，终于眼睛。它们深谙伟大的罗马演讲家和修辞学家马库斯·图留斯·西塞罗说的那句话：“眼睛是心灵的窗口。”

要让人类和猫喜欢并信任你，就应确保你展现出了灵魂的善意，也就是说，你能倾听、有同情心、做出好的选择，而且基本上是个好人。这个责任主要由眼睛来承担，但它们受制于灵魂。

回想一下倾听的眼神和说话的眼神。倾听时的眼神传达关注，深入思考说话人说的话。要在一对一的交谈中显示出你十足的关切，试试这个技巧。看向说话人的眼球——只看其中一只，停留一到两秒，然后把目光转向另一个眼球，保持来回移动。借此，你表现出了全神贯注，甚至你都要进入对方的脑子里了，但又不是令人毛骨悚然地直盯着。试试看，很有用。

说话时的眼神主导的是你想表达何种情绪下的何种表情。如果你在说一些有意思的事情，试着只在眼角带笑。把所有的面部能量都集中在眼睛上，你的听众会看到它们“闪闪发光”或是“火花四射”；这个效果来自眼窝周围细小肌肉群的收缩，同时瞳孔又放大了。

现在，试着用眼睛表达忧伤。额头和脸的其他部位保持自然，除了眼睛，其他部位不要用力过度。从眼睛开始流露情绪。

看向镜子，练习幽默和悲伤时的眼睛。试试其他情绪：激动、恐惧、期待、勇敢、爱、愤怒。再一次，把所有精力汇集到眼睛上。熟能生巧，你会发现自己表情达意的能力和猫一样好。

脸部另一个用于说服的工具，无可厚非，是嘴。但是嘴更高阶，是极其精密的仪器。没错，你可以做出微笑或皱眉的表情，也可以噘起嘴做出十分惊讶的“O”形。但是，只有猫是用嘴说服的完美范例：猫的无声咆哮，或称 SM（silent meow）。

就算是好莱坞最好的演员——这里说的是人——也无法完全做到无声咆哮。它包含亲昵和讨好，混合了猫科特有的催眠术。学习这一方法，你可以收获很多，但别指望自己能做得好。这种方法看起来简单，但其实是假象。优雅地坐到地上后，意味深长地抬头看向受害者的脸。然后尽可能大地张开你的嘴——越大越好——还要保持凝视。不断重复，直到受害者给了你想要的东西（一般都是食物或者玩耍，尽管你也许会有别的需求）。

继续，试试看。你肯定什么也得不到，除了惹人大笑。然而，实验还是值得的，即便只是学到了有价值的一课：我们永远不可能有猫那样的说服力。

小技巧

- 假装自信可以帮助你获得自信。
- 好的姿势能让你得到尊重。
- 适当点头能显示出你在听，对方会更愿意被你说服。
- 面向一群人讲话时，想象腰上系着一个十千克的钢球，这会让你看上去更自信。
- 避免多余的小动作或者蠕动身体，否则会让听者分心。
- 要让对方喜欢并信任你，就应展现出善意：能倾听、有同情心、做出好的选择、是个好人。
- 尽量只用手势完成大部分肢体表达，身体的其他部分要保持稳定。
- 最有说服力的面部表情都是从眼睛开始的。

猫的智慧

无声胜有声。

有力的沉默加上楚楚动人的表情远比尖叫能说服人。

09

让鱼上钩：

诱饵与缓坡

最佳的说服工具

永远别想犟过一只猫。

——罗伯特·A. 海因莱因[1]

既然你已经学了修辞的基础，是时候找个人或者找只猫讨价还价了。那你怎样能赢过猫呢？

秘诀是：让猫认为是它主导了事情。

这个技巧对人也有用。如果你面对的是一个不想穿衣服的小女孩，就让她自己选要穿什么。这会让她觉得自己有主导权。

---

1. 罗伯特·A. 海因莱因（Robert A. Heinlein，1907—1988），美国著名科幻小说家，代表作有《星际迷航》《异乡异客》等。

错误：你能穿好衣服吗？

正确：你想穿哪件？红的长袖还是蓝的？

提供选择是一个很好的方式，能让你的受众觉得自己掌握了主动权。假设你有一只猫，它只爱湿粮，摆上两份味道不一样的干粮让它自己选。这两种口味的食物不仅会提高它喜欢上其中一种的概率，选择行为本身也会让它觉得自己能说了算。

另一个让猫或人觉得有主导权的方式，是让他成为自己故事的主角。如果把肉干装在有小孔的球里，不喜欢吃肉干的猫也许会吃。当它把球滚来滚去时，一两颗肉干会掉出来，立刻就会成为猎物。在房间里藏匿食物也能提高挑食猫咪的自尊。每只猫都知道，亲手撕碎的食物更美味。打游戏和实现人生目标时，人类也是如此。追捕僵尸或是其他目标，都会让奖赏更加诱人。

猫和人在一个地方有区别：人能自我说服而猫无须这么做。它们不需要目标，在过去的年月里，它们早已实现了自我。任何一只猫能够实现的最大的目标，就是在下一个好处来临之时抓住它。

挑选欲望

让一只猫做你想让它做的事情，需要提供足够多的好处，而成功的概率和让它过来不相上下。但是哲学家亚里士多德写过有史以来最伟大的说服书，他证明了想让猫和人行动是有可能的。

你需要两个基础工具：

1．诱饵。

2．缓坡。

诱饵和欲望有关。没有欲望，很难让任何生物做任何不是它们生来就想做的事情。为了建立欲望，你需要创造诱饵。对于一只猫，一块鸡肉也许会是不错的诱饵。对于一个成年男性，一个貌美的女性很有可能会极具吸引力，或者是一块炸鸡。

有趣的地方在于：只要闻一闻炸鸡，或者看一眼美女，就更有可能让男人买下一辆车。大量证据支持这一点。要让一个人或一只猫做什么事，你不需要引发针对该行为的欲望。你只要引发欲望，仅此而已。房产经纪人常常会建议你在潜在顾客到来之前，在烤箱里烤个蛋糕或是加热肉桂。这个主意让房子更有家的感觉。但是修辞和神经科学则指出了另一面：这些味道也许只会让人们感到饥饿，而人在饥饿时，更有可能买东西。这就是为什么如果你想省点钱，应该在购物之前吃点东西，甚至在网上购物。

你可以只通过在别人的脑中植入美好的画面，来提高说服对方的可能。假设你想让一个不太情愿但很重要的人去坐游轮，那就不经意地提起一个阳光灿烂的日子，或是你们都很喜欢的电影。如果你恰好要发表餐前演讲，提一提你们曾经共同度过的美好又重要的晚餐。这些愉快的想法都不需要和游轮有任何联系。你是在改变对方大脑中的化学反应，让他更容易说“好”，把这个技巧想象成修辞学里的炸鸡。

看着猫的眼睛

人们时不时犯的错是从自己的观点开始辩论。

家长：我为什么要把车借给你？

孩子：因为我不想坐巴士。

这对父母有什么好处吗？没有。

当人叫猫过来时，他们也犯了一模一样的修辞错误。

杰伊：克里克，过来！

克里克（使用身体语言，或者就一个叫声）：为什么？

杰伊：你得去看兽医了。

去看兽医可不是什么好事。也许有必要，也许从长远看对猫很有好处，但去这么一趟真不是好事，每只猫都知道这一点。

以下是能让猫过来的好事情：

- 食物。
- 玩耍。
- 玩具。
- 大腿。

召唤一只猫时，你得清楚表示好事情就是回报。要确保你说清了好事情究竟是什么。一只猫也许会用某种叫声来要食物，用另一种来催促你陪它玩。你也要以同样的礼节对待它。即便是在生意场上，人们也不会叫别人来参加会议却不告诉对方会议内容是什么。牵扯猫时，会面的目的应该是好事情。

如果你有别的安排，比如说给猫洗耳朵，也是可以的。但要确保你事先给过食物、玩具、大腿或者玩耍过了。事后再给也可以。记住，没有成功兑现好事情等同于说谎。这听起来也许极端，而且只对猫适用，但并非如此。一件好事情是某种交易，而交易是承诺，违背承诺就是不诚信。

再说了，生活中还有什么能比好事情更重要呢？

好，你提供了一块鸡肉。然后呢？假设你想让猫乖乖走进航空箱，你可以提着它去看兽医。它知道这个箱子唯一的功能，就是把它运到一个地方。那里到处都是臭烘烘、乱叫的狗，还有完全不认识的人，他们会摸它、用尖尖的东西戳它。任何一只敏感的猫最不愿意做的事情就是钻进那个可怕的箱子里。甚至最聪明的猫会向前后伸开四肢，这样身体就比箱子要长了。每只猫，就连胖猫，都能违背物理定律，变成二维物体，把身体变得极度扁平。而你至少需要五只手——四条腿各一只，还要有一只控制躯干——才能把猫塞进箱子。

或者，你可以让猫想进去，心甘情愿地自己做决定。

把跳跃变成缓步前行

对大多数猫而言，只把一块鸡肉放进箱子里可不是足够有利的诱饵。但假如你在地板上放了一串肉，最后一块刚好在箱子里面，你就有机会了。每一块肉都会勾起猫对下一块的渴望。

这个技巧的人类版本是从小步开始建立，直到达到目标。假设你在找工作，发现一家公司有适合你的职位，递出你的简历，然后——可以预见——什么也不会发生。递出简历和把一块肉放进箱子其实是一样的。这份简历也许能引起雇主的兴趣。毕竟，你可是最佳候选人。但是，你的简历被一大摞其他简历埋没了。

你需要更多的鸡块，以吸引雇主看到你的简历。你也可以管它叫开胃菜。所以，你要确保雇主能在领英和推特上看到你，要让公司里的某些人提到你，要让自己一点点地被看见，就像鸡肉。这样，你才能逐步培养出欲望。

但只有欲望是不够的。这只猫也许压根儿就不会要这块肉。它也许会腾地跳上航空箱，然后坐在上面洗自己的脸。它的身体语言表示“我完事儿了”。

哪里错了？亚里士多德说的啊，要让某人有所行动，得引起欲望。他确实鼓励每个演讲者都好好讲讲你想要的决定会带来什么，你是为了什么目的培养欲望。当代神经科学显示，无论什么样的欲望，让某人处于饥饿或是垂涎美色的状态，都能激发你希望对方有的欲望。这很好，只是对一只猫说得再多也没什么用。只有人类才会傻到被这些迷惑。但就算是猫也会屈服于强烈想要的感觉，而这只能通过打开一个吞拿鱼罐头做到。

然而，只有这些还是不够。你要怎么让猫进入箱子呢？你要怎么让一个事务繁多的雇主真的雇用你呢？

你需要一个缓坡。

显得不经意

亚里士多德没说过缓坡。相反，他说的是，除了为目标培养欲望，你还需要别的东西：让行动看起来容易。

但如果你想要的东西真的很难呢？比如，排除掉其他所有候选人，只聘用你？或者，比这更难的，让你的猫自己走进它怕得要死的箱子？

让我们先来处理箱子。如果你能让一只猫自愿进入一个箱子，你就能让一个人做任何事。这里就是用到缓坡的地方了。试试吧。

拿一块六英尺[1]长的木板，宽度无所谓。每六英寸[2]，横着钉上小条，小条和木板一样宽。现在，拿出箱子，把它放在高处的台子上。把台子的各面封闭好，只留一个开口。把木板斜靠在台子上，末端直达箱子的入口。你可以把鸡块放在小条上，但也许你压根儿不用这么做，大多数猫都很难抗拒缓坡。和人一样，它们也想凌驾于世界之上。但可以在箱子里放一个零食，如果那就是奖赏。机会在于，猫会探索缓坡。每往上一步都是微小的行动，接下来的每一步都更容易。箱子本身只是另外一个步骤，而不是什么巨大的努力。更有甚者，缓坡——一系列小幅度上升的台阶——把箱子从一个恐怖的地方变得似乎能够忍受，甚至是向往的地方：缓坡的顶峰。

分解步骤

缓坡技巧如何能作用在人身上呢？要让人做有难度的事情，就要把难事分解成细小、简单的步骤。在每一小步上提

1. 约为一点八米。

2. 约为十五厘米。

供奖赏或是赞美。

试验缓坡技巧是否有效的最好办法是拿自己做实验。假设你想为了夏天的到来而减肥。想到要节食和运动，你就不胜重负，倒不如想想最简单、最有可能的第一步。人们在运动上遇到的最大问题是要找到时间。花两个星期，每天早五分钟上床，然后把闹钟拨早五分钟，直到最后，你能把自己的时间大大提前。不要试图在这期间做运动，只是调整时间。接下来，试着每个工作日锻炼十分钟，坚持两个月，慢慢增加时间，直到你可以一次运动半个小时，甚至更久。最后，你就会养成良好的运动习惯。

食物怎么办？一样的。不要从节食开始，相反，记下你吃的每样东西，只是写下来。不要计算卡路里，按照平常的量吃你平常吃的食物。一周之后，开始计算卡路里。同样地，不要改变你吃的东西，只是记录。下一个星期，改变一件事：一餐的量，或是用一杯茶换掉一份苏打水。此后每个星期都是如此，多改变一件事。

一旦你熟练掌握了自我说服的缓坡，你就能用它去说服其他人。假设你想在庭院旧货市场卖掉一把椅子。不要让人们买它，让他们坐上去。

或者，回到我们说的找工作：询问潜在雇主可否进行

“有信息的交流”，而不是工作。告诉每个人，你想知道他是怎么在自己的领域做到这么专业的。这和把鸡块放在缓坡上的效果一样。大多数人都很乐意谈论自己的成功。他这么做了之后，再问问他有没有其他联系方式，并说你很乐意和他继续交流。这会让他在缓坡上前进一小步。时机成熟时，你就让他帮助自己被雇用。然后，把新的联系变成缓坡的一部分。

尽管历史没有记载亚里士多德是否有过猫，但他肯定清楚怎么说服它们。引发欲望，然后放置缓坡。让目标尽可能诱人，然后哄劝你的受众一步步走向目标。先用猫和箱子试试看，再把诱饵—缓坡技巧用在人身上，来达到你的目的。

如果成功了，你就能征服世界。

小技巧

- 提供选择是一个很好的方式，能让对方觉得自己掌握了主动权。
- 要让一个人做什么事，不需要引发针对该行为的欲望，只要引发欲望就可以。
- 你可以只通过在别人的脑中植入美好的画面，来提高说服对方的可能。
- 在生意场上，人们不会叫别人来参加会议却不告诉对方会议内容是什么。
- 没有成功兑现好事等同于说谎。
- 要让人做有难度的事情，就要把难事分解成细小、简单的步骤，并在每一小步上提供奖赏或是赞美。
- 找工作时，询问潜在雇主可否进行“有信息的交流”，而不是工作本身，以此来提高应聘成功率。

猫的智慧

先闻闻看。

小心那些让你违背本心的诱饵。如果有的东西看起来很美味，先退后，再走开，然后回来闻闻它，接着才吃。这么做，你的后悔会越来越少，而且，很有可能成功减肥。

10

一步步来：

猫咪说服术清单

确保每一步都在要点上

猫知道如何不用劳动就能得到食物，不用牺牲自由就能安居，以及不用惩罚他人就能得到爱。

——沃尔特·莱昂内尔·乔治[1]

这个清单对猫和人都有用。想认真说服别人之前，先看一遍。

1. 沃尔特·莱昂内尔·乔治（Walter Lionel George，1882—1926），英国作家，代表作《城市之光》。

什么是你的目的？

往往当我们和爱人——不管是猫还是别的什么——有分歧时，我们会试着控制别人。或者，我们会往后退，远离任何张牙舞爪的东西。与其如此，你可以问问自己这个关系是否比争吵更重要。或许，如果你想要什么（让猫躺在你的腿上？一辆新车？），付出努力去得到它。最好让对方觉得他什么都得到了，然而事实上，你在结束的时候得到了自己想要的。

这是说服的好时机吗？

说服者把握住每个机会。让猫过来的最好时机是它饿了的时候。无论出于什么目的，要说服一个人的最好时机，也是他饿了的时候。

对方正处于什么样的心情？

如果当时看上去时机不佳，你可以通过改变受众的心情（详见第 23 页），把它变成好的时机。让对方觉得自己能控场、感到舒适以及（如果对方是个人的话）露出笑容。

他的注意力集中吗？

一个心不在焉的人更难被说服。当你和你的猫讨价还价时，你必须讨好它。

你用的是什么时态？

愤怒的人常常用过去时（“看看你干了什么？”）或者现在时（“坏猫！”）。如果你想让对方换个心情，或是做点什么，试着改用将来时（“到这儿来，我会给你零食。”）

你爱对方吗？还是装装而已？

如果对方是只猫，那爱它应该很容易。面对人的时候，会更难。但如果你假装很享受和他们在一起，你大概会发现自己确实很喜欢和他们在一起。无论程度有多深，他们都会更喜欢你。

他喜欢并信任你吗？

形象（详见第5章）是最有力的说服工具。它是你的猫对你的印象。它认为你可靠吗？你是否在任何时候都让出了自己舒适的大腿？若是如此，当你叫它时，它会更乐意过来，也更不会把钢笔从你的桌上挠掉。除非它认为，你这么善良，会把笔给它的。

你的论点对对方来说合理吗？

在说服中，事实和数据对猫而言并不是绝对重要的，对于大多数人来说也是如此。倒不如关注对方相信和期待的东西，但这并不意味着说谎。如果你假装一个红色激光点是一只必须被杀死的外星飞虫，对方也不会介意的。

你的姿态好吗？

详见第8章。正如每只猫都知道的，端庄的姿态会赢得尊重。

你看起来自信吗？

好姿态的一部分是好的自我态度，即便那只是装出来的。假的自信也能成真。别回想你错过的时机，想想你所有成功的出击。

你可曾把行动细化？

第 9 章说的是诱饵和缓坡。让对方做件小事，然后再做一件小事，最后完成大的行动。这是缓缓爬行。想要行动时，先从行动的细节开始，然后在沿途的每一步都放上一点点零食。

猫的智慧

死老鼠是奖品。

不要等别人来庆祝你的成功。当你杀死了什么东西时，把它放在某人的床上。

后记

书里的猫以及它们教了我们什么

还有什么礼物比猫的爱更好？

——查尔斯·狄更斯

我们生活中的猫都可以是最好的朋友和势均力敌的对手。

塞西：它浑身乌黑发亮，意志坚定，在杰伊长大的过程中一直是只强势的猫。塞西无法忍受蠢货，它把杰伊看成其中一员。这只猫是要求型说服者，常常以威胁达到目标，比如发出咝咝声，有的时候还会伸出爪子。大多数情况下，它都很坚定，知道你想要什么是说服的第一个原则。

小柳：一只被遗弃的小猫。它央求杰伊的弟弟把自己带回家。然后，它在一个不情不愿的父亲身上故技重施。这很有用，因为它很招人喜欢，浑身银灰，像摇曳的柳树。

泽尔莫：华盛顿中心区的流浪猫，就是法国人说的那种“浪荡子”、花花公子。泽尔莫认为所有人都爱它，他们也确实如此。我们都应该像泽尔莫一样。假设你自己是被爱的，那么，大多数人都会爱你。

圣诞节前几天，一个人把查理和它的兄弟佩西放在一个箱子里，这个箱子留在了警察局。娜塔莉十一岁的女儿艾美莉领养了查理。它睡在她卧室的书架上，而且很大声地和她说话。好的交谈很罕见，尤其在猫之间。关于查理，艾美莉写道："一只爱玩、好奇心重的猫，渴望冒险（以及老鼠），它很招人喜欢，很聪明，也很可爱。它还是我的闹钟。它就像我的护花使者，坐在我凳子的下面。我们形影不离、互相照顾。到吃饭的时间时，它是非常谨慎的，你可以看到它慢慢把爪子伸向盘子，然后一把抓住，迅速开溜。"

佩西：查理的兄弟，艾美莉九岁大的弟弟本领养了它。接下来，我们看看本怎么说。"佩西很可爱，总是跟着它最爱的人。它永远不会停下打呼噜。它很忠诚，而且能在任何地方找到自己的主人。它有一点臭，下巴上有一个小斑点。它喜欢拥抱和抚摩，但如果你想抱它，必须用正确的方法接近它。"这对人来说也是正确的。佩西很年轻就过世了，真让人难过。

多蒂：佩西之后是多蒂，它是世界上最亲人的猫。它很清楚亲和是所有态度中最具说服力的，所以，多蒂用所有人对它的爱获得了任何它想要的东西。只要查理在擦脸，它就会不偏不倚地躺在它的脚下，获得免费的洗浴。如果查理躺下小憩，它就会把查理当成枕头。而查理从来不会抱怨，因为多蒂真的太招人喜欢了。它甚至练习了礼仪，有完美无瑕的餐桌礼仪，它会安静地坐好，直到人类不再注意它。接着，它就偷走了他们的食物。

伊莎贝拉： 它是在杰伊的小女儿开始挂起猫咪日历时来的。（你可以在 blurb.com 上看到很多小书，上面有更多的伊莎贝拉。比如，"先闻闻以及我从猫身上学到的十五件事"。）伊莎贝拉的领地意识很强，不乖，而且太胖了，但它知道如何搞笑。深谙喜剧精神的话，你能在这个世界上走得更远。

奥布雷： 有着蝙蝠耳和高尚心灵的奥布雷生来就有很多健康问题。尽管无法正常行走，它却一步步地驾驭了大它很多的哥哥**马丘林**。奥布雷只活了不到两年。但最伟大的说服是如何活出自己的一生。奥布雷是最伟大的说服家。

克里克： 它是被作为意大利良种猫培育的。尽管它做了绝育手术，却还是有良种猫的派头。世界的存在就是为了取悦它。这个信念让它成了愉悦的伴侣。伟大的说服者都知道这一点，与其说服别人，他们最应该抓住对方的注意力。给克里克一张纸片或是一根鞋带（尤其是你正打算绑上的那一根），它都能变成马戏团表演。

小多萝西和乔治（杰伊的女儿和儿子），还有艾美莉和本（娜塔莉的孩子们）都是地地道道的人类。但他们都很迷人、很忠诚，而且和猫一样难以被说服。我爱他们。

猫的智慧

能说服他人的微小生物统治着世界。